회사를 망하게 하는 법

회사를 망하게 하는 법

SIMPLE SABOTAGE

은밀하고 치명적인 CIA 방해공작 매뉴얼

로버트 M. 갈포드, 밥 프리쉬, 캐리 그린 지음   이지민 옮김

수잔, 케이티, 루크, 제이콥, 아담,
노아, 레이첼, 제니퍼, 에든, 에바에게

"일의 수행 여부가 사업의 성공을 좌우한다. 이 책은 이 중요한 목적을 달성하는 데 방해가 될 수 있는 대상을 빠르게 가릴 수 있는 통찰력을 제공한다. 크든 작든 조직을 관리하는 사람이라면 꼭 읽어야 하는 책이다."

− 대런 휴스턴, 프라이스라인 그룹의 회장이자 CEO

"이 책은, 역사적인 문서를 현재뿐만 아니라 미래의 독자에게도 적용할 수 있는 중요한 메시지로, 간결하고 우아하게 변화시킨 책이다. 빠르고 재미있게 읽을 수 있을 뿐 아니라 조직의 효율성과 생산성, 성공을 꾀하는 비법에 관한 진수를 담았다."

− 바바라 H. 프랭클린, 전 미 상무부장관

"훌륭한 리더가 되기 위해서는 겉보기엔 순수한 일상의 행동들이 어떻게 '은밀하고 치명적인 방해공작'이 될 수 있는지를 알아야 한다. 이 책은 여러분이 더욱 효율적인 리더가 되는 데 도움을 줄 것이다."

− 토마스 J. 윌슨, 올스테이트의 회장이자 CEO

"이 책은 조직에 해가 되는 행동에 주의를 촉구하고 곧장 본론으로 들어가 이를 예방하기 위해 우리가 무엇을 할 수 있는지를 알려준다. 그야말로 훌륭한 책이다!"

− 크리스틴 C. 막스, 프루덴셜 회장

차례

감사의 글

—

　사려 깊은 파트너이자 편집자 레지나 마쿠라에게 특별히 감사
의 말을 전한다. 그녀는 아이디어 단계에서부터 완성된 원고에 이
르기까지 이 책의 집필에 많은 도움을 주었다. Kneerim&Williams
의 슈퍼에이전트 캐서린 플린, 통찰력 있고 다재다능한 하퍼원의
편집장 제노베바 요사를 비롯한 직원들(한나 리베라, 김 데이먼, 메
린다 뮬린, 리사 쥬니가)에게도 감사를 전한다. 그들 모두 이 책의
핵심 메시지가 잘 전달되도록 비전과 상상력을 불어넣어주었다. 스
트래티직 오프사이트 그룹의 루시아 검스는 우리가 이 책을 순조롭
게 진행하고 올바른 목표를 향해 나아가도록 큰 도움을 주었으며,
스트래티직 오프사이트 그룹의 다른 팀원들(바비 아사디샤드, 마이
클 카츠맨, 앤드류 맥레이스, 댄 프레이저, 사라 웨이스키틀) 역시
핵심적인 역할을 수행했다. 마지막으로 집필 과정 내내 인터뷰와
인용, 지적 재산 이용에 동의한 수많은 사람들에게 가장 큰 감사를
표한다.

들어가는 글

—

1944년 1월, 제 2차 세계대전이 한창일 무렵, 오늘날 CIA의 전신인 전략정보국[OSS]은 극비 문서를 발행했다. OSS 정보원들은 '와일드 빌'이라는 별명을 지닌 윌리엄 도노반 장군의 지휘 아래, 유럽 저항운동 회원들을 조직하고 이들을 대상으로 방해공작 훈련을 실시했다. 이 때 사용된 기술을 담은 얇은 책, 『손쉬운 방해공작: 실전 매뉴얼[Simple Sabotage Field Manual]』은 다양한 언어로 번역되어 출간되었으며 적진에 배치된 연합군 지지자에게 밀반입되었다. 이 지침서에는 아무도 모르게 적을 교란하고 적의 사기를 저하시키는 간단한 방법이 상세히 적혀있었다. 저자의 의도는 명확했다. "타이어 펑크내기, 연료 탱크 비우기, 방화, 시비걸기, 어리석게 행동하기, 전기 장치 누전시키기, 부품 마모시키기 등의 방해공작은 적의 자산과 인력, 시간을 낭비할 것이다. 이 같은 행위가 광범위하게 실시될 경우 적군의 활동은 계속해서 실질적인 지장을 받을 것이다."

이처럼 눈에 거의 띄지 않는 수 천 개의 활동들이 쌓일 경우 추축국의 세력은 약화되고 목표 달성은 저지되고 만다. 비행기와 탱크, 함선이 전선에서 적과 대치한다면 OSS와 저항 운동가들은 이 매뉴얼에 담긴 기법을 활용해 내부에서부터 적을 공격할 것이다.

이 책의 상당 부분은 연료 탱크에 모래 붓기, 기름 묻은 헝겊으로 덮기 등 물리적인 방해공작을 기술하는 데 할애하고 있다. 예를 들어 '톱을 사용하지 않을 때에는 살짝 구부려 놓으라'고 조언한다. 이렇게 할 경우 훗날 톱을 사용하려고 할 때 자연스럽게 부러지기 때문이다. 또한 온갖 것들로 윤활계를 막으라는 제안도 있다. '기름이 급전 선로와 필터로 흐르는 것을 효과적으로 막거나 저해하기 위해 머리카락이나 끈, 곤충의 사체를 비롯한 온갖 것들을 엉켜 놓으라'거나 '비가 내릴 때는 스위치가 누전되도록 암염이나 일반 소금을 교환점과 인근 지상의 배선 부위에 듬뿍 뿌리라'고 권고한다.

이런 식으로 이 매뉴얼은 냉각 시스템, 연료관, 전철기, 전동기, 기어, 전화기, 화장실, 타이어 등을 조작해 이목을 끌지 않고도 문제를 일으키는 방법에 관해 훌륭한 조언을 제공한다.

물리적인 교란 방법 외에 적의 조직을 교란시키는 체계적인 방법을 제시하기도 한다. 특히 조직의 의사결정 과정을 방해하고 회의와 절차의 효율성을 저해하는 방법에 초점을 맞추고 있다.

이 전략들은 상당히 교묘하며 파괴적이다. 마치 바이러스처럼 퍼져나가면서 축적되어 기존의 평범한 행동에 편승하며 적의 기반시설을 무력하게 만들거나 약화시킨다. 또한 바이러스처럼 쉽게 감지할 수도 없고 완화시키거나 전멸시키기 쉽지 않으며 예방하기란 사실상 거의 불가능하다.

『손쉬운 방해공작: 실전 매뉴얼』에 제시된 총 여덟 개의 전략은 다음과 같다.

1. 모든 것이 '체계'를 따르도록 요구하라. 빠른 의사 결정을 위해 지름길을 택하는 것을 절대로 허용하지 마라.

2. '연설'을 하라. 가능한 한 자주, 길게 말하라. 장황한 일화와 개인적인 경험을 늘어놓아 '요점'을 전하라. '애국심에 호소하는' 적절한 발언을 주저 없이 하라.

3. '추가 연구와 숙고'를 위해 가능한 한 모든 문제를 위원회에 회부하라. 위원회를 가능한 많이(최소 5개) 설립하라.

4. 무관한 사항을 가능한 한 자주 언급하라.

5. 대화 내용과 회의록, 결의안에 사용될 정확한 단어를 가지고 실랑이를 벌여라.

6. 지난 번 회의에서 결정된 사안으로 돌아가 해당 결정의 타당성에 의문을 제기하라.

7. '주의할 것'을 장려하라. '합리적'으로 행동하며 훗날 곤란하거나 어려운 상황에 처할 수 있으므로 다른 회의 참석자들에게도 서두르지 말고 '합리적'으로 대응할 것을 촉구하라.

8. 모든 결정의 타당성에 의문을 표하라. 해당 조치를 취할 권한이 조직에 있는지, 이 조치가 고위층의 정책과 상반되지는 않는지 의문을 제기하라.[1]

DECLASSIFIED

tors to cause power leakage. It will be quite easy,
too, for them to tie a piece of very heavy string
several times back and forth between two paral-
lel transmission lines, winding it several turns
around the wire each time. Beforehand, the
string should be heavily saturated with salt and
then dried. When it rains, the string becomes a
conductor, and a short-circuit will result.

(11) *General Interference with Organizations and
Production*

(a) Organizations and Conferences

(1) Insist on doing everything through
"channels." Never permit short-cuts to be taken
in order to expedite decisions.

(2) Make "speeches." Talk as frequently as
possible and at great length. Illustrate your
"points" by long anecdotes and accounts of per-
sonal experiences. Never hesitate to make a few
appropriate "patriotic" comments.

(3) When possible, refer all matters to
committees, for "further study and considera-
tion." Attempt to make the committees as large
as possible --- never less than five.

(4) Bring up irrelevant issues as frequently
as possible.

(5) Haggle over precise wordings of com-
munications, minutes, resolutions.

(6) Refer back to matters decided upon at
the last meeting and attempt to re-open the
question of the advisability of that decision.

(7) Advocate "caution." Be "reasonable"
and urge your fellow-conferees to be "reason-
able" and avoid haste which might result in
embarrassments or difficulties later on.

(8) Be worried about the propriety of any
decision --- raise the question of whether such
action as is contemplated lies within the juris-
diction of the group or whether it might conflict
with the policy of some higher echelon.

DECLASSIFIED

『손쉬운 방해공작: 실전 매뉴얼』(1944)에 수록된
조직의 활동을 저해하는 여덟 가지 전략

　이 여덟 가지 전략은 비교적 악의가 없어 보이지 않는가? 사
실 조직에 소속된 사람들의 안녕에 도움이 되는 행동들이 아닌
가? 예를 들어, '체계'는 중요하다. 체계는 아이디어를 철저히 점
검하고 해당 의사 결정을 수행하는 데 필요한 자원과 기술을 보장
하는 핵심적인 의사소통 수단이다. '주의' 또한 중요하다. 사람들

이 주의를 기울이지 않고 단순히 명령만 따를 경우 혼란이 야기될 것이다.

하지만 명심하라. OSS는 바로 이러한 반응을 기대했다. OSS 지도자들은 저항 운동가들이 발각되어 죽음에 이르는 것을 원치 않았다. 따라서 그들이 운동가들에게 가르친 전략은 그럴듯한 진술 거부권을 지녔다. 이는 누가 봐도 바람직한 행동이지만 극단으로 치우칠 수 있다. 그렇기 때문에 교묘하고 은밀한 것이다.

이 매뉴얼은 발간 당시뿐만 아니라 오늘날에도 상당한 영향력을 지니고 있다. 이 매뉴얼은 이미 오래 전에 기밀 해지되었지만 이 책에서 권고하는 방해공작 행위들은 70년 전만큼이나 교묘하고 강력한 힘을 발휘한다. 게다가 이 행동들은 글로벌 기업과 비영리 조직에서부터 학교와 교회, 중소기업에 이르기까지 수많은 조직에서 매일, 전 세계적으로 다양한 형태와 규모로 발생하고 있다. 여러분이 속한 조직 역시 물론 예외가 아니다.

그렇다고 해서 적군이 여러분의 조직 내에 도사리고 있다는 의미가 아니다. 여러분이 목표 달성하는 것을 방해하기 위해 끈질기게 작업 중인 특정한 내부 저항 세력이 존재할 확률은 지극히 드물다. 하지만 이 매뉴얼에서 제안하는 전략 중 일부를 활용하는 사람들이 존재할 확률은 높다. 제재를 가하지 않을 경우 그들의 행동은 적어도 여러분이 소속된 조직의 기반을 약화시킬 것이며 여러분을 비롯해 조직의 노력을 물거품으로 만들 것이다. 최악의 경우 기업 운영에 차질이 생길 수 있다.

우리는 이 OSS 전략들을 수백 명의 친구와 동료, 고객에게 보여주었다. 그들은 대부분 웃어넘기며 "이런 사람들은 '우리' 회사·부서·자선 단체·시민 단체·위원회·책읽기 모임에도 있는데"라고 말했다.

이것이 바로 우리가 이 책을 쓴 이유다. 우리는 크고 작은 조직, 민간·공공 기관, 비영리 조직과 수십 년 동안 일하면서 한 기업의 성과를 갉아먹는 수없이 많은 방해공작을 목격해 왔다. 이러한 전략이 야기한 피해를 몸소 체험했으며 이 전략들을 파악하고 예방하며 이에 대응하기 위한 방법을 개발하기 위해 수많은 나라에서 다양한 산업에 몸담은 고객들과 협력해 왔다.

OSS는 조직을 파괴하는 여덟 가지 법칙을 제시했다. 이 책은 각 장마다 한 가지 법칙을 소개한다. 하지만 우리는 이 전략들에 대응하는 방법을 구상하는 과정에서 지난 몇 십 년 동안 새로운 유형의 조직과 기술이 등장하면서 새로운 파괴 전략들이 생겨났다는 사실도 깨닫게 되었다. 따라서 이 매뉴얼이 작성된 이후로 우리 주변에서 쉽게 접할 수 있는 가장 효과적인 새로운 방해공작을 추가로 다루었다.

이 책에서 다루는 대부분의 방해공작(원 매뉴얼에 등장하는 전략과 우리가 새롭게 찾아낸 전략 전부)은 우리에게 친숙하다. 여러분은 어떠한 전략을 누군가의 별난 행동이나 성가신 행동이라고 생각하며 웃어넘길 수도 있으며 쉽게 감지할 수 있다고 생각할지도 모른다. "음, 내 동료나 팀원, 심지어 상사에게서도 이런 행동은 쉽게 찾아낼 수 있을 것 같은데. 그런 행동을 지적하면 문제는 해결될 테지.”라고 생각할 것이다.

하지만 이러한 방해공작을 근절시키기란 생각보다 쉽지 않다. 이는 보통 조직 생활과 단체의 행동 즉, 법 집행, 절차 준수 여부 점검, 동료를 의사결정에 참여시키기, 의사 결정 점검 등의 평범한 행위가 도를 넘은 것에 불과하기 때문이다. 이러한 방해공작들은 서서히 직장 문화의 일부가 되기 때문에 이를 근절하기는커녕 감지하는 것조차 쉽지 않다. 한 집단 내에서 행해지는 방해공작을 근절하기 위해서는 다음과 같은 네 단계를 따라야 한다.

파악: 방해공작 감지하기, 긍정적인 행동이 도를 넘어 반생산적이거나 파괴적이 되는 경우를 다른 이들이 파악할 수 있도록 돕기

조정: 관용(수용할 수 있는 행동의 범위)에 관한 적정선을 수립해 생산적인 행동을 장려하되 방해공작은 예방하기

개선: 조직에 소속된 모든 이에게 피해 행위를 건설적인 방향으로 보고할 수 있도록 허가권과 의사전달 수단, 기술 제공하기

예방: 방해공작의 재발을 막거나 애초에 발생하는 것을 예방하며 방해공작이 적은 문화를 조성하기 위해 도구와 지표, 절차 도입하기

사실 이러한 단계는 제시된 것처럼 순차적으로 진행되기도 하지만 앞으로 다룰 장에서처럼 보통은 동시에 발생한다. 이는 방

해공작의 유형과 이를 감지하는 인물(그리고 해당 인물이 조직에서 어떠한 통제권을 지니고 있는지), 방해공작이 발생하는 이유, 관련 조직에 달려 있다.

전략가인 우리는 극적인 돌파구를 제시하거나 기관의 운영 방법을 재고하는 급진적인 해결책을 제안하는 수많은 책을 접하고 있다. 이 책은 그러한 책들과는 다르다. 이 책은 직장 내에서 의도하지 않은 방해공작으로 인해 피해를 입는 아주 일상적인 상호 작용과 과정을 다룬다. 장비를 막히게 하는 '모래'처럼 인지하기조차 쉽지 않지만 우리의 신경을 거슬리게 하는 수 백, 수 천 개의 아주 작은 대상이 우리의 직장과 업무 경험, 주위 사람들의 경험에 큰 영향을 미칠 것이다. 이 책을 접하는 순간, 여러분의 업무 효율성과 창의력은 증가하고 업무 관계는 개선될 것이다. 여러분이 방해공작에 직접 가담하고 있든, 방해 공작이 벌어지고 있는 부서나 기업을 관리하고 있든, 위원회 회원이든, 실무자든, C로 시작하는 직함의 임원이든, 이 책을 통해 여러분이 소속된 조직을 생산적으로 운영하는 데 도움이 되는 방법을 접할 수 있을 것이다.

CHAPTER 1

복종을 통한 방해공작

> 모든 것이 '체계'를 따르도록 하라.
> 빠른 의사 결정을 위해
> 지름길을 택하는 것을 절대로
> 허용하지 마라.

거래는 성사될 가망이 없었다. 회사는 오래된 고객을 잃게 될 것이다. 마이클은 이 사실을 알았지만 어쩔 도리가 없었다.

거래처 대표인 사만다가 늦은 오후 갑자기 마이크에게 전화를 걸어 경쟁 소프트웨어 업체가 마이클의 회사보다 유리한 조건을 제시했다고 전했다. 소프트웨어와 교육, 지원을 통합한 패키지 상품을 마이클의 회사보다 조금 낮은 가격에 교육 시간도 늘려서 공급하기로 제안했다는 것이었다. 마이클의 회사는 이미 최종적으로 회사 내부에서 결정한 최상의 제안을 최종적으로 낸 상태였지만 사만다는 경쟁 업체의 입찰에 맞춰 조금 더 양보할 수 없겠냐고 물었다. 사만다는 곧바로 답을 듣기를 원했다. 오늘 밤까지 최종 업체를 선택해야 했기 때문이었다.

마이클은 결과를 예상하며 이렇게 답했다. "그럴 수 없습니다." 최근에 진행된 판매 회의에서 마이클의 상사인 판매 부사장이 입찰가를 변경하려면 자신이나 부서장의 승인을 받아야 한다고 강조했기 때문이었다. '악덕업자가 기부 수준의 가격을 요구하는 것을 막기 위해'서였다.

마이클은 자신에게 결정권이 있었더라면 경쟁 업체의 조건에 상응하는 제안을 했을 것이다. 그는 사만다의 회사를 잘 알았으며 추가 서비스를 통해 몇 달 내에 손해를 메꿀 수 있을 거라고 확신했기 때문이다. 하지만 그에게는 그러한 결정을 내릴 권한이 없었으며 상사는 부서장과 유럽 출장길에 오른 상태라 연락이 닿지 않았다.

마이클이 회사를 망하게 하려고 작정한 것은 아니었다. 그는 성실한 직장인이었고 자신의 일을 사랑했다. 그는 단지 규칙을 따랐을 뿐이다. 회사의 판매직원이 확실한 수익을 보장하지 못하는 거래를 성사시킴으로써 회사를 위험에 빠뜨리는 일을 예방하기 위해 만든 법칙이었다. 마이클은 체계를 따름으로써, 즉 상사와 부서장이 정한 절차에 따라 자신의 직무 범위를 벗어나는 모든 상황에 대해 상사의 승인을 받기로 함으로써 사실상 '옳은' 일을 한 것이다.

하지만 그의 바람직한 행동 때문에 회사는 계약을 하지 못했다. 마이클은 사소하지만 어쩔 도리가 없는 그러한 처사가 아니었더라면 거래가 성사되었을 거라는 사실을 알았으며 거래가 결렬된 것은 잘못된 일이라는 사실도 알았다.

모범적인 직원이나 동료는 방해자와는 거리가 멀다고 대부분 생각할 것이다. 방해공작원은 법칙을 준수하지 않고 지름길을 취하려는 사람들이라고 생각할 것이다. 하지만 마이클은 소위 '순종적인 방해자'다. 그는 직원 안내서와 절차에서 소개하는 지침이나 판매 부서장이 정한 법칙을 잘 따른다. 하지만 그의 회사가 고객을 잃게 되는 것은 그가 이러한 규칙을 어겨서가 아니라 지나치게 고수했기 때문이다.

복종, 즉 지시받은 대로 행동하며 자신의 권한을 벗어나는 일은 하지 않는 것은 일반적으로 바람직한 행위다. 복종은 예측 가능하며 복종할 경우 실수를 하지 않을 거라는 확신을 갖고 업무를 수행할 수 있다. 게다가 '정석대로' 일하기 때문에 숫자에 맞춰 색을 칠하는 것처럼 단순한 의사 결정만 하면 될 수도 있다. 모두가 지시받은 대로 일하며 가변적으로 행동하지 않을 경우 기업은 아무 문제없이 잘 운영된다. 하지만 복종은 방해공작이 될 수 있다. 복종을 해야 한다는 강박관념 때문에 개인적인 판단을 신뢰하지 못하고 상황에 맞지 않는 비효율적인 절차를 따르는 경우다. 이것이 바로 OSS의 전략이고, 마이클에게 일어난 일이기도 하다. 그리고 여러분이 소속된 조직에서도 이러한 일이 발생하고 있다.

복종이 방해공작처럼 보이는 경우

여러분의 조직이나 기관에서 이러한 유형의 방해 공작이 언제 발생하는지를 파악하기 위해서는 우선 (공식적이든 비공식적이든) 여러분의 행동을 제어하는 규칙들을 살펴본 뒤 이러한 규칙들의 존재 이유를 설명할 수 있는지 생각해 보면 된다. 여러분이 하려는 일의 종류, 함께 일하는 사람의 유형, 역할의 성격, 전반적인 목표에 관해 개인적인 판단이 지닌 상대적인 중요성을 생각해 보자.

예를 들어, 소매 체인점의 책임자는 반품 부서의 존재 이유가 빠르고 쉬운 반품을 돕기 위해서인지, 모든 문서가 구비되어 있고 반품이 정당화될 때에만 반품을 해주기 위해서인지 고민할 것이다. 이 두 가지 결정 간에는 확실히 균형점이 존재한다. 하지만 무엇이 더 중요할까? 균형점은 정중앙에 위치할까? 아니면 고객의 편의가 사기꾼이 속출하는 것보다 더, 혹은 덜 중요할까?

이제 다음과 같은 질문을 해보자. 모두에게 스스로 결정할 수 있는 자유가 주어질 경우 이러한 자유가 문제가 되는 시점은 언제일까? 절차와 규약을 고수하는 것이 최우선 과제인 제약 산업이 떠오를 것이다. 또한 사람들은 식품 안전 점검자가 식재료를 승인할 때 개인적인 기준을 적용한다는 생각을 달가워하지 않을 것이다.

반대로, 현장에서 창의적이고 혁신적이며 즉각적이고 효율적인 선택을 하기 위해서는 얼마나 많은 자유를 허용해야 할까? 장관 후보자가 인터뷰를 하기 전에 기본적인 질문을 하기 위해 고용위원회에 연락을 한다고 치자. 위원회장이 휴가 중일 경우 어떻게 될까? 후보자가 해당 직책에 대한 흥미를 잃지 않도록 다른 누군가가 후보자의 질문에 대신 답해도 될까?

여러분이 속한 조직의 문화는 정석대로 일을 진행하고 체계를 따르는 행위에 관해 전반적으로 어떠한 메시지를 전달하고 있는가? 왜 그러한 특정 메시지를 전달하는 것일까? 사람들을 의식적으로 통제하기 위해서일까? 아니면 시간이 지나면서 축적된 수백 가지의 결정과 정책으로 인한 어쩔 수 없는 결과일까? 오늘날에도 여전히 이러한 메시지를 적용해야 할까? 모든 회원들에게 이러한 메시지를 적용해야 할까?

이러한 질문들에 대한 답을 찾는 과정은 반드시 지켜야 하는 절차나 행동 규정을 파악하는 데 도움이 될 것이다. 즉, 우리는 이 과정을 통해 체계를 반드시 따라야 하는 경우와 더 많은 자유를 허락해야 하는 경우를 구분할 수 있다. 이렇게 되면, 규칙을 지나치게 따르는 바람에 조직에 심각한 피해를 줄 수 있는 사람을 파악할 수 있다.

유명한 건축회사 셔플리 벌핀치의 고위 간부들은 핵심 업무 평가 절차를 규정하기 위해 위와 같은 질문을 정기적으로 한다. 그들은 다른 전문 서비스 기업들처럼 부서장과 프로젝트 매니저에게 업무량과 관련된 정기 보고서를 제출하라고 요청한다. 그런데 한번은 진행 중인 모든 프로젝트를 보고서에 포함시키라는 지시가 내려졌고 기업은 일시적으로 수많은 순종적인 방해자로 넘쳐났다. 예상 불가능한 변수 때문에 특정 업무가 지연될 수도 있는 상황이었지만 매니저들은 명령받은 대로 모든 프로젝트를 보고서에 포함시켰다. 하지만 보다 현실적인 직원들은 규칙을 완전히 준수하지는 않았다. 그들은 한 발 뒤로 물러나 위험한 프로젝트를 배제하거나 적어도 조금 더 보수적인 자세로 보고서를 작성했다.

방해자가 체계를 따르고 정해진 절차를 준수하도록 내버려둔 결과, 무계획적인 자원 배분의 위험성을 가중시키는 부정확한 보고서가 탄생했으며 기복이 심한 상황이 반복되었다. 기업 간부들은 부정확한 보고서를 제출받으니 차라리 보고서를 아예 작성하지 않게 하는 편이 나은지를 파악하거나 전혀 다른 선택을 해야 했다.

결국 그들은 제3의 선택을 하기로 했다. 이제 프로젝트 책임자는 CFO와 보다 정기적인 회의를 통해 균형 잡힌 예측 메커니즘을 고안하며 프로젝트 매니저는 자신들의 예측에 주석을 달도록 권고 받았다. 복종이 의도치 않게 방해공작으로 이어지는 경우를 파악하는 것이 문제를 시정하는 첫 단계였다.

뉴욕증권거래소에 상장된 16억 달러 규모의 소매업, 스테이지 스토어Stage Store를 이끄는 마이클 글레이저 CEO 역시 자사의 규칙을 계속해서 평가한다. 그가 CEO가 되었을 때 가장 먼저 한 일은 특정한 법칙을 효과적으로 평가하기 위해 그 시행 이유를 이해하려고 노력한 것이다. 그의 전임자는 이윤에만 관심이 있었고 이윤이 지나치게 줄어드는 것을 막기 위해 구매와 관련된 규칙을 수립했다. 그 규칙들은 재정적으로는 회사에 도움이 되었을 수도 있었다. 하지만 이는 마이클 글레이저가 파악할 수 있는 것이 아니었다. 그가 아는 사실이라곤 '자사의 바이어들이 가장 매력적이고 수요가 높은 의복을 비축할 수 없다'는 것뿐이었다.

마이클 글레이저는 이렇게 말했다. "우리 매장에는 나이키 제품만 소량으로 구비되어 있었습니다. 고객들은 나이키와 비슷한 브랜드 제품을 둘러보려고 매장에 들어왔다가 실망한 채 빈손으로 돌아가곤 했죠. 저는 경쟁업체와도 거래를 하도록 했습니다. 인기 있는 제품은 이윤이 적지만 고객이 원래 구매하려던 나이키 제품뿐만 아니라 다른 브랜드의 상의 두 벌과 재킷 한 벌을 더 산 뒤 매장을 나설 경우 전체 구매로부터 높은 이윤을 낼 수 있습니다. 예전에는 바이어들이 CEO가 직접 지시한 명령을 따랐지만 그들의 복종 행위는 사실 사업에 안 좋은 영향을 미쳤죠. 물론 바이어들도 그 사실을 알았지만 어쩔 수 없었습니다."

마이클 글레이저 역시 이윤을 염려한다. 하지만 기존 법칙이 전반적인 사업에 안 좋은 영향을 미친다는 사실을 깨달은 후, 지침을 제공하되 수익에 도움이 되는 방향을 막을 만큼 엄격하지는 않도록 법칙을 재평가하고 조정하기 시작했다.

종형 곡선 테스트

여러분은 조직 내에서 시끄러운 방해자가 누구인지 알 것이다. 이들은 자주 도를 지나치는 행동을 하고 아마 신경에 거슬리는 행동을 할 확률이 높다. 이런 사람들을 파악하는 것은 어렵지 않다. 반면에 복종적인 방해자(그리고 그들이 따르는 잘못된 법칙)를 색출하기 위해서는 시끄러운 사람보다는 소란을 피우지 않는 사람을 살펴봐야 한다.

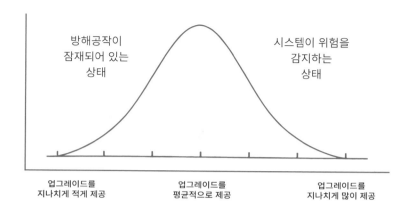

방해공작이
잠재되어 있는
상태

시스템이 위험을
감지하는
상태

업그레이드를
지나치게 적게 제공

업그레이드를
평균적으로 제공

업그레이드를
지나치게 많이 제공

예를 들어, 호텔에 밤늦게 도착하는 손님에게 방을 업그레이드해줄 수 있는 권한을 지닌 야간 매니저를 생각해 보자. 이 매니저는 이 서비스를 누구에게나 제공하거나 아무에게도 제공하지 않을 수 있다. 이러한 행동을 추적하기란 상당히 쉽다. 종형 곡선을 그려 평균적인 분포를 파악해 보면 된다. 곡선의 중간 부분은 예상되는 업그레이드 수를 나타낸다. 곡선의 오른쪽 끝, 즉 직원이 권한을 최대한 적용하는 상황은 업그레이드를 지나치게 많이 제공하는 경우에 해당된다.

정반대의 성향을 보이는 사람 또한 확실히 알 수 있다. 업그레이드를 좀처럼 제공하지 않는 매니저다. 안타깝게도 이들이 더 큰 위험 요소다. 이들은 소란을 피우지 않으며 웬만해서는 눈에 띄지 않는다. 하지만 그들의 행동은 서서히 기업의 융통성을 저해해 조직을 조금씩 갉아먹는다.

　모든 조직이 종형 곡선 테스트를 만들 수 있는 데이터를 정기적으로 수집하지는 않는다. 하지만 고객의 행동을 보여주는 데이터가 존재할 경우 이 테스트를 시행하도록 하라. 이 곡선의 '숨은' 부분을 밝히는 것은 복종으로 인한 방해공작을 제거하는 데 큰 도움이 되기 때문이다.

복종적인 방해자를 대처하고 예방하는 법

　복종적인 방해자를 발견할 경우 몇 가지 대처 방안을 취할 수 있다. 그들의 업무를 좌우하는 규칙을 일부 수정하는 것도 그 중 하나다(서플리 벌펀치와 스테이지 스토어의 경우가 이에 해당한다). 하지만 훨씬 더 쉬운 해결책이 존재한다(물론 생각만큼 쉽지 않을 수도 있다). 바로 방해분자의 직무 기술서나 역할을 점검한 뒤 해당 직원의 판단력이 필요하다는 사실을 명확히 하는 것이다.

　예를 들어, 관리자 입장에서 부하 직원이 복종적인 방해분자라 의심이 될 경우, 그 직원에게 이따금 개인적인 판단이 필요한 직무를 주는 것이다. 그리고 난 뒤, 결과가 만족스럽지 못하더라도 다소 위험한 행동을 취하는 것이 괜찮다는 사실을 확실히 이해시키는 등 계속해서 그 직원을 지도하면 된다.

　고위 간부의 경우 다소 복잡한 해결책이 필요하다. 그들 자체가 규칙을 어기며 합리적으로 판단하는 행위를 지양하고 '안전한' 행동만을 장려하는 기업 문화나 조직 문화를 심었을 수 있기 때문이다. 이 경우 모든 팀원은 이러한 행동이 조직에 미치는 부정적인 영향을 알고 있어야 한다. 이에 관해서는 팀 전체에게 지도가 필요할 것이다.

조직 전체를 복종적인 방해분자로부터 보호하고, 사람들이 복종으로 인한 방해공작을 편안하게 얘기하고 쉽게 감지하며 필요할 경우 해결하게 만들기 위해서는 아래 네 가지 단계를 따라야 한다.

성과지표와 보상 체계를 점검하라

성과지표(측정 대상과 측정 방식)를 통해서 절차를 강화하고 원하는 결과를 내기를 바랄 것이다. 하지만 어떤 상황에 처하더라도 규칙을 고수하는 사람에게 항상 보상을 지급할 경우, 의도하지 않게 복종적인 방해자를 낳게 된다. 성과지표가 방해공작으로 이어지는 것을 막기 위해서는 다음 단계를 따라야 한다.

여러분의 감시 하에 이루어지는 각 업무를 추적하기 위해 회사가 활용하는 성과지표의 목록을 작성하라. 예를 들어, 호텔 체인은 안내데스크 직원이 얼마나 많은 업그레이드를 무료로 제공하는지 추적할 것이다.

각 성과지표의 필요성을 점검한다. 안내 데스크 직원이 지나치게 자주 혹은 적게 방을 업그레이드해줄 경우 호텔에 안 좋은 영향을 미치지 않을까? 그렇다. 호텔 경영인은 업그레이드를 너무 많이 제공할 경우 일반실의 가치가 낮아지고 상대적으로 고객들의 기대치가 높아질 거라고 생각한다. 반면, 업그레이드를 지나치게 적게 제공할 경우 우수 고객의 충성심을 보상할 수 있는 기회를 잃게 된다.

각 성과지표와 고수익 간의 관계를 확실히 파악하라. 호텔이 업그레이드를 지나치게 자주 제공하면 고객이 일반실에 머물 경우 청소비와 식대는 높아지고 고객 만족도는 낮아질 수 있다.

순종적인 직원의 예상되는 행동을 파악하라. 규칙을 잘 준수하는 안내 데스크 직원은 단골 고객에게 업그레이드를 해줘야 하겠지만 그 때마다 회사가 비용을 치러야 한다는 사실 역시 인지하고 있어야 한다.

다음과 같은 질문을 던져라. "누군가가 이 성과지표를 극한까지 밀어붙이려고 할 때 무슨 일이 발생할까? 그러한 행동은 바람직할까 아니면 부정적인 영향을 미칠까?" 복종적인 방해자는 업그레이드를 거의 제공하지 않을 것이다. 이 경우 충성심을 인정받을 자격이 있는 단골 고객은 어떠한 보상도 받지 못하기 때문에 다른 호텔을 이용하게 될 수도 있다.

극단적인 행동이 드러나도록 성과지표를 설정하라. 이 사례의 경우, 지나치게 적은 업그레이드보다는 지나치게 많은 업그레이드를 감지하도록 설계되어 있다. 따라서 복종적인 방해자를 발견하기가 쉽지 않다. 호텔 측은 동료에 비해 업그레이드를 너무 많이 제공하는 직원이 아니라 업그레이드를 너무 적게 제공하는 안내 데스크 직원을 감시할 수 있는 성과지표를 설정해야 한다.

때로는 정량적인 성과지표보다 정성적인 성과지표가 필요한 경우도 있다. 각 단계에서 제기되는 질문에 대한 답은 정확한 숫자보다는 관찰과 판단력에 달려있을 수 있다. 어떤 경우가 되었든, 방해자를 찾을 수 있는 감시망을 구축하기 위해서는 올바른 대상을 평가하는 것이 중요하다.

보상 체계를 주시하는 것은 또 다른 방법이다. 직원들은 일시적인 프로그램을 위해 수립된 인센티브 제도를 자신에게 이득이 되고 회사에 손해를 입히는 방향으로 활용할 수도 있다. 이러한 직원들은 자신들의 행동이 회사에 해가 된다는 생각조차 하지 않을 수도 있다. 그들은 업무와 보상에만 관심이 있으며 순종적이기 때문에 정해진 법칙을 그대로 따를 뿐이다. 이들을 감지하기란 쉽지 않다.

우리 고객 중 한 명은 자사의 주요 제품인 표백제를 더 많은 소매상에 판매하기 위해 시즌별로 판매 인센티브 프로그램을 운영해 판매직원들로 하여금 새로운 거래처를 뚫게 만들었다. 판매원이 새로운 거래처를 확보할 때마다 즉시 현금 보너스를 제공한 것이다. 새로운 소매 계좌의 거래 조건은 인센티브 제도만큼이나 파격적이었다. 판매하지 못한 제품은 90일 내에 반품할 수 있었으며 계정을 취소해도 아무런 벌금을 물지 않았다.

이 제도가 시행된 지 2주가 지난 뒤 이 기업의 CEO는 한 주유소를 지나가다가 건물 뒤 뙤약볕 아래 (표백제는 열이 없는 곳에 보관해야 하며 주유소는 당연히 소비자가 표백제를 구입하기에 적절한 장소가 아니다) 자사의 제품이 잔뜩 쌓여 있는 것을 보았다. 알고 보니, 한 판매직원이 주유소를 운영하는 친구를 찾아가 계좌를 연 뒤 팔리지 않은 제품은 몇 주 후에 반품하라고 말한 것으로 드러났다.

이 직원은 회사에 해를 끼치려고 했던 것일까? 자신의 생계가 걸려 있는 회사를? 아니다. 기업의 전반적인 재정 상태는 그의 고려 대상 밖이었다. 그는 고위 간부 입장에서 생각하지 못한 것뿐이며 그저 회사가 자신 앞에 던져준 당근을 덥석 물었을 뿐이다. 법칙을 준수하는 선에서 득점판에 점수를 더했을 뿐이다. CEO는 생각지도 못하게 공격을 받았고 결과는 뻔했다.

'끊임없는 개선'이 극단으로 치닫는 것을 경계하라.
자동차를 쫓는 개에 관한 오래된 표현이 있다. 바로 '자동차를 따라잡은 다음에는 무엇을 할 것인가?'이다. 이와 마찬가지로 특정 결과나 성과지표를 추구하는 데 익숙해져 있으며 이를 언제 중단해야 하는지를 모르기 때문에 계속해서 이를 진행할 뿐인 조직이 있다.

이 문제는 '끊임없는 개선' 문화를 지닌 조직에서 특히 심각하게 나타난다. 끊임없는 개선은 20세기 중반 W. 에드워드 데밍이 제안한 경영 철학이다. 이 철학에 따르면, 절차는 일종의 시스템으로, 품질을 개선하고 비용을 절감하는 방향으로 시스템의 각 구성요소를 설계할 경우 효율성과 성공은 자동으로 따라온다. 하지만 이것이 극단적이 될 경우 끊임없는 개선조차 방해공작으로 이어질 수 있다.

우리가 아는 한 기업의 경우, 콜 센터 매니저가 전화에 응답하는 속도를 평균 1.4 신호음에서 1.2 신호음으로 줄이라고 팀원들에게 명령했다. 의문을 가진 부서장이 매니저에게 "1.4 신호음의 속도로 전화를 받을 경우에 고객이 전화를 끊어버리는 경우가 많은가요?"라는 부서장의 질문에 매니저는 "전화를 하려는 의도가 분명한 상대는 신호음이 세 번 들리기 전에는 전화를 끊지 않기 때문에 1.4 신호음일 때 전화를 끊는 고객은 거의 없다."고 답했다. 그런데도 매니저는 모든 전화를 매 년 더 빠른 속도로 받아야 한다고 계속해서 주장한다. 도대체 왜일까?

전화를 빨리 받는 것이 그의 업무이기 때문이다. 빠를수록 좋은 것이다. 그는 자신이 결과보다 절차를 중요하게 여기는 한계점을 넘지 않았는지를 생각해 본 적이 없었다. 그는 순종적인 방해자가 되었던 것이다. 그에게 왜 그렇게 전화를 빨리 받는 것에 집착하는 지 물어보면 그는 고객에게 개선된 경험을 제공하기 위해서라고 말할 것이다. 이는 사실이다. 하지만 한계점은 세 번의 신호음이다. 세 번 이하의 경우 속도를 아무리 높인들 고객의 경험이 개선되지 않는 것이다. 문제는 전 세계의 콜 센터 매니저에게 다른 것을 개선하는 데 집중하라고 말하는 이가 아무도 없다는 사실이다.

이러한 방해공작을 제거하기 위해서는 한 걸음 물러나 현재 시행 중인 끊임없는 개선 프로그램을 공식적으로 점검할 필요가 있다. 더 이상 효과가 없을 경우, 즉시 시행을 중지해야 한다.

하지만 이러한 프로그램이 여전히 유용하다면, 바람직한 행위가 도를 지나쳐 문제가 되는 시점을 파악하도록 하라. 답(신호음은 두 번이면 충분하다)을 모를 경우 새로운 분석을 해야 할 때다.

끝으로 '개선 피로'를 조심하라. 조직은 사람과 마찬가지로 자체 개선에 중독될 수 있다. 여러분 친구 중에도 다이어트나 운동 프로그램 법칙을 지나치게 준수하는 이들이 있을 것이다. 우리가 아는 한 식당 주인은 직원들이 쉬는 시간에도 매뉴얼을 계속해서 읽게 한다. 이는 지나친 처사다. 직원들을 지치게 만들지 말라.

지친 상태에서는 모두가 멍한 눈으로 규칙을 따르며 마음의 문을 닫게 된다. 그들은 법칙이 업무를 제대로 수행하기 위한 능력에 해가 된다는 사실을 미처 파악하지 못할 수도 있다. 여러분이 그러한 상태라면 상사에게 이를 말해야 한다! '끊임없는 개선

휴가'를 요청해라. 여러분이 상사라면 직원들에게 일주일 동안 휴가를 준 뒤 그 경험을 바탕으로 프로그램에 대한 자신의 생각을 제안하게 만들어라. 휴식을 취한 뒤에는, 도움이 되는 규칙과 때로는 지나치게 극단으로 흐르는 규칙 모두에 관한 객관적이고 균형 잡힌 시각을 유지할 확률이 높아질 것이다.

실수를 용인하고 훌륭한 판단력을 칭찬하라

사람들이 자신의 판단력에 의존할 때 일이 잘못될 수도 있다. (이런 상황에 처하면 자신의 판단이 나쁜 결정으로 보일 것이다.) 하지만 이러한 실수는 더 큰 선을 위해 용납되어야 한다. '좋은 판단은 경험에서 나오며 경험은 나쁜 판단에서 나온다.'는 오래된 속담이 이를 잘 요약하고 있다.

예를 들어, 뉴잉글랜드에 위치한 한 소방서의 모든 직원은 언론 인터뷰를 할 수 있다. 이전 행정부에서는 서장만이 인터뷰를 할 수 있었다. 그가 자리를 비울 때에는 '의견 없음'이라는 보도만 나갔다. 상당히 이상하거나 인터뷰를 피하는 듯한 인상을 풍길 수 있는 행동이었다. 게다가 '의견 없음'이 지나치게 많을 경우 리포터가 불만을 느낄 수 있으며, 이는 예산 증가 같은 논란의 여지가 있는 주제를 다룰 때 안 좋은 영향을 미칠 수 있었다. 새로운 서장은 소방관과 위생병을 비롯한 모든 직원이 자신의 의견을 항상 대변하지는 않으며 이따금 실언을 할 수도 있다는 사실을 알고 있지만 어느 정도의 재량권을 주는 것이 직원들의 자기계발 차원에서 중요하다고 믿었다. 그는 수많은 주요 규칙을 따라야 하는 환경에서는 직원들이 자신의 판단력이 중요하다는 사실을 상기하는 것이 필요하다고 생각했기 때문에 이 부분에서 융통성을 발휘했다.

서장은 직원들이 리포터가 묻는 질문에 대답할 수 있도록 철저히 준비를 시키기도 했다. 그는 '명확하고 간략하게 사실만을 제공하되 사생활법을 존중하라'라는 지침을 확실히 전달했다.

자신이 속한 조직 내에서 관용을 장려하기 위해서는 '우호적인 실수 연습'을 실시하면 된다. 방법은 다음과 같다. 모두가 자신이 저지른 실수, 말하기 꺼려지는 실수를 간략하게 진술하게 만드는 것이다. 물론 현장에 늦게 도착했지만 즉시 연기를 감지해 알람을 울려서 만회를 했고 만족한 민원인이 전화하는 빈도수를 세 배로 늘렸다는 이야기는 여기에 속하지 않는다. 이는 고통스러운 기억이며 실수를 통해 어렵게 배운 교훈이어야 한다.

하지만 대부분의 실수는 이러한 실수에 비하면 그렇게 나빠 보이지 않을 것이다. 또한 직원들이 실수란 상대적이라는 사실을 익히면, 회사에 도움이 된다고 판단한 일을 하기 위해 발 벗고 나설 것이다.

하지만 복종적인 방해자를 제거하는 가장 좋은 방법은 직원들이 바람직한 판단을 할 때 이를 격려하는 것이다. 여러분이 칭찬하는 사람이 규칙을 어겼을 때조차도 말이다.

퇴직한 페덱스 항공사 기장 베르나르드 브루주아의 이야기는 페덱스 직원들 사이에서 아직까지도 유명하다. 제임스 자이겐퍼스$^{\text{James Zeigenfuss}}$가 『고객 친화 $^{\text{Customer Friendly}}$』라는 책에서 이 일화를 소개하고 있다. 당시 페덱스는 신생기업으로 브루주아 기장이 조종하던 비행기는 클리블랜드 공항에 묶여 있었다. 회사가 대금을 지불하는 데 애를 먹고 있던 상태였기 때문에 멤피스에 위치한 페덱스 본사로 돌아가기 위해 필요한 200갤런의 연료를 채울 수 없는 상황이었다.

기장은 운행부서에 전화를 걸었고 담당자는 그에게 신용카드가 있는지 물었다. 그는 자신의 신용카드로 주유비를 결제했고 회사는 배송 일정을 맞출 수 있었다. 훗날 브루주아 기장은 그 날 밤을 회상하며 이렇게 말했다. "회사로부터 돈을 돌려받을 수 있을지는 알 수 없었죠. 하지만 '알게 뭐야'라는 심정으로 결제를 했습니다."

개인 신용카드로 연료를 구입하는 것은 기업의 규칙에 어긋나는 행위였다. 하지만 회사는 그의 판단을 칭찬했다. 그리고 이 사건을 모든 직원과 공유함으로써 기업가 정신과 위험 감수라는 문화를 구축했다.

아주 단순한 칭찬 연습을 해보자. 옛날 방식으로 각 부서에 상자를 하나 설치하거나 칭찬 전용 이메일 계정을 만들어 법칙을 어기거나 위험을 감수한 동료들의 현명한 처사를 공유하도록 장려하라. 물론 비공개로 이를 확인하되, 회의 때마다 몇 가지 사례를 공유해보자. 다른 직원들은 그러한 행동에 감명받을 것이고, 행동을 한 당사자는 깜짝 놀라면서도 작은 칭찬에 감사해 할 것이다.

기존에 만들어진 절차의 논리에 의문을 제기하고
끊임없이 시험하라

여러분이 속한 조직이나 기관이 '계속 해오던 방식'이라는 이유로 수많은 업무를 계속 똑같이 반복하고 있다면 지금이 바로 이절차를 대대적으로 점검할 때다. 여러분과 동료들은 도움이 되기는커녕 해만 끼치는 절차를 고수하고 있을지도 모른다.

예를 들어 보자. 수년 동안 건강보험 회사는 환자들이 전문의를 보기 전에 1차 진료 의사로부터 추천서를 받도록 하고 있다. 주요 보험회사들이 이 추천서의 정당성을 확인하는 비율이 얼마일까? 무려 1퍼센트도 안 된다. 하지만 의사와 환자는 이 추천서를 주고받느라 수많은 시간을 허비한다. 그래서 한 보험사는 이러한 관행을 없애기로 결심했다. 대신 전문의 네트워크를 개설해 환자들이 1차 진료 의사로부터 추천서를 받지 않아도 되도록 했다. 환자가 피부과 의사를 방문하고 싶으면 곧장 찾아갈 수 있도록 한 것이다.

이 회사는 그 동안 추천서를 작성하는 데 사용된 자원을 일부활용해 전문의를 남용하는 듯한 소수의 환자를 추적했고 전문의네트워크를 활용할 때 환자들이 지켜야 하는 지침서를 작성했다. 대부분의 환자는 새롭고 간결한 이 절차를 반겼다. 이 보험 덕분에 고객 만족도가 높아졌고 비용은 크게 줄었다.

조직 내에서 시행 중인 절차를 손쉽게 점검할 수 있는 방법이있다. 경험이 풍부한 직원들을 신입사원 오리엔테이션 기획 과정에 참여하게 만드는 것이다. 회사가 새로운 직원에게 올바른 이유에서 그 행동을 하라고 가르치고 있는지 그들의 생각을 들어보는 것이다.

여러분이 대기업의 매니저라면 이따금 익명으로 설문조사를 실시해볼 수도 있다. 직원들은 업무상 합리적이지 않은 절차에 대해 항상 얘기를 나눈다. 하지만 그들에게 직접 물어볼 경우 솔직한 대답을 얻지 못할 것이다. 이따금 그들의 생각을 익명으로 고백하게 만들어라. 다만 전형적인 직원 설문조사 양식을 따라서는 안 된다.

수많은 직원 설문조사가 '분위기'에 초점을 맞춘다. 직원들이 상사로부터 좋은 피드백을 받는지 혹은 직장을 옮길 생각이 있는지, 그렇다면 왜 그런지를 중점적으로 묻는다. 물론 나쁜 질문들은 아니지만 이런 질문을 통해 회사가 순종적인 방해자를 양산하고 있는지를 파악할 수는 없다. 다음과 같이 회사 자체에 대한 직설적인 질문을 던져라.

○ 회사에서 시행 중인 가장 말도 안 되는 규칙이나 절차는 무엇인가?
○ 업무를 수행하는 데 가장 큰 장애물은 무엇인가?
○ 한 가지 절차나 방법을 바꿀 수 있다면 어떤 것을 바꾸겠으며 왜 바꾸겠는가?

첫 번째 질문을 살펴보자. 아마 이러한 법칙을 시행하는 이유를 직원들에게 제대로 설명하지 않았을지도 모른다. 따라서 직원들이 그러한 법칙이 존재하는 이유를 알지 못하는 것이다. 이 경우 설명을 해주면 된다.

반면, 말도 안 되는 규칙이 정말로 비합리적인 경우도 있다. 5년이나 10년 전 처음 시행했을 당시에는 합리적이었지만 지금은 그렇지 않을 수 있다. 그러할 경우 이 규칙을 시행하느라 돈과 시간을 낭비하는 복종적인 방해분자가 존재할 것이다. 이러한 법칙은 가치를 창출할 수 있는 다른 업무에 방해가 될 뿐이다.

우리가 아는 한 매니저는 조달 예산과 관련된 규칙을 끈질기게 준수했다. 그가 고수한 어리석은 법칙은 부품 가격이 한 개당 4달러가 넘을 경우 상사에게 구매 제안을 할 수 없다는 것이었다. 이 법칙 때문에 그는 잠재적인 공급처의 제안을 거절하고 말았다. 개당 4.05달러나 심지어 4.02달러로 거래하자고 제안했을 경우 회사에 부수적인 이익을 안겨다줄 아주 유리한 협상의 기회를 놓치고 만 것이다. 법칙을 맹목적으로 지키는 바람에 현명한 판단을 하지 못한 것이다. 천만다행으로 이 매니저의 상사가 이 사실을 알아내 공급자와 미팅을 성사시킬 수 있었다.

대부분의 대기업, 심지어 작은 기업과 오래도록 운영되는 위원회의 경우조차 쾌속정처럼 운행되지는 않는다. 이들은 퀸 메리호와도 같다. 규모가 클 뿐만 아니라 시간이 지나면서 선장이 배를 돌리기가 점차 어려워진다. 조타실과 키 간의 연결부위가 석회처럼 굳어지고 따개비가 자라기 시작하는데, 이렇게 되면 큰 망치를 가져와 부식된 부위와 따개비를 제거해야 한다. 매니저나 조직의 리더는 "직원과 고객의 안전을 위해 제도의 어떠한 부분은 시행해야 하고 어떠한 부분은 건너뛸 수 있을까?"라고 적극적으로 물어야 한다. 그들은 "3년 후의 이익을 소수점까지 예측할 수 있다면 물론 좋겠죠. 하지만 저는 그런 것은 상관하지 않습니다. 그렇게 할 수 있다고 부가가치가 높아지지는 않기 때문이죠. 이는 불필요한 절차만 증가시킬 뿐입니다. 내용을 절차와 교체하는 그러한 행위는 지금 당장 중단합시다. 법칙이 시키는 바가 아니라 우리가 내리는 결정의 내용, 의미에 집중합시다."라고 말할 수 있어야 한다.

사소한 문제, 큰 영향

복종적인 방해자는 관료주의라는 깊은 뿌리를 지닌 고리타분한 옛 단체나 큰 조직 내에 도사리고 있을 확률이 높다. 하지만 여러분이 개방적인 공간과 낮잠을 잘 수 있는 유선형 공간을 구비한 소기업이나 유행을 따르는 스타트업에서 일한다고 해서 이러한 방해공작으로부터 안전하다고 생각하면 오산이다. 조직이 성장하면서 혹은 무언가를 두 번째로 시도하는 과정에서 처음에 저질렀던 실수를 피하려고 노력하면서 여러분이 속한 조직은 방해공작에 취약해진다. "작년에는 모두가 지나치게 많이 사들였어. 이제 돈을 지출할 수 있는 사람은 딱 한 명뿐이야."라는 말을 경계해야 한다. 이것이 결정적인 증거다.

최근에 우리 친구 중 한 명이 겪은 경험에 따르면 순종적인 방해분자는 크고 작은 온갖 종류의 조직 내 어디에나 존재하며 상당히 위험하다는 사실을 잘 알 수 있다.

그 친구는 동네 편의점에 커피를 사러갔다가 "모든 사이즈의 커피 구매 시 빵을 99센트에 드립니다."라는 포스터를 보았다. 친구는 커피를 담고 빵을 하나 집어 계산대로 향했다. 계산대 점원은 금전등록기에 상품 가격을 입력했고 친구는 돈을 지불한 뒤 잔돈을 받아 가게를 나섰다.

몇 걸음 안 가, 친구는 거스름돈을 잘못 받았다는 사실을 깨달았다. 점원은 친구에게 커피 가격으로 99센트를 청구했고 빵은 정가대로 받았다. 친구는 가게로 돌아가 이렇게 말했다. "실례지만 잔돈을 잘못 주신 것 같은데요. 커피는 정가여야 하고 빵이 99센트여야 하는 거 아닌가요?"

점원은 친구가 들고 있는 거스름돈을 보더니 "아니에요, 커피가 99센트에요."라고 말했다. 친구는 "아닌데요. 이 포스터를 보세요."라고 말했다. 그곳에 적힌 내용은 분명했다. 어떠한 사이즈의 커피를 사도 빵을 99센트에 준다는 말이었다. 그러는 동안 친구 뒤로 줄이 길게 늘어서기 시작했고 점원은 "손님이 사신 빵은 여기에 해당이 안 됩니다."라고 말했다.

친구는 자신의 손에 들린 빵과 커피가 사인물에 그려진 것과 완전히 똑같다는 사실을 지적했다. 오직 청구된 가격만 다를 뿐이었다.

점원은 초조해지기 시작했다. 친구 뒤로 줄이 점차 길어졌기 때문이었다. 영업에 방해가 되고 있다는 사실을 깨달은 친구는 잔돈을 다시 챙기고 대답해줘서 고맙다는 말을 남긴 채 가게를 떠났다. 하지만 방금 일어난 일을 다시 생각해볼 수밖에 없었다. 그 점원은 논쟁을 좋아하는 유형의 사람은 아닌 것 같았고 손님을 속이지 않으려고 하는 것이 분명했다. 그래서 친구는 가게에 손님이 없을 때 다시 찾아가 이렇게 물었다.

"질문 하나만 할게요. 39센트밖에 안 되긴 하지만 환불해줄 수는 없는 거죠?" 점원은 "네, 그럴 수는 없습니다. 매니저의 허락이 있어야 하는데 방금 자리를 비우셨어요. 몇 분 후면 돌아오실 텐데 그 때 얘기해 보실 수 있을 거예요. 죄송합니다. 규칙이 그래서요."라고 말했다.

미스터리가 드디어 해결된 것이다. 직원은 그저 '법칙'을 따랐을 뿐이며 매니저가 돌아오거나 친구가 포기하고 돌아가거나 할 때까지 친구를 오도 가도 못하게 만든 것이다.

길모퉁이에 위치한 편의점이 노드스트롬(미국의 고급 백화점 체인) 수준의 고객 서비스를 갖추었을 거라고 생각하는 이는 없다. 물론 직원들이 금전등록기를 열어 제멋대로 환불을 해줄 수는 없을 것이다. 하지만 이 경우 도가 지나쳤다. 문제를 시정하기 위해 직원이 상식을 활용하는 것을 허용하지 않음으로써 '규칙'을 고수하는 복종적인 방해자가 탄생했으며 그 과정에서 고객의 호감도는 하락했다.

절차를 지나치게 준수하려는 직원이나 회원(복종적인 방해분자)은 그저 거슬리는 사람에 불과해 보일지도 모른다. 이처럼 짜증나는 사람을 봐주는 편이 그들을 처리하거나 사전에 저지하는 것보다 쉬울지도 모른다. '원칙대로 행동하는' 사람이 조직에 정말로 해가 될 수 있을까? 정답은 '그렇다'이다.

순종적인 방해자는 위험하다. 융통성을 발휘하지 못해 가게에 줄이 늘어서게 만들고 고객까지 잃게 만든 계산대 점원(내 친구는 한 동안 그 편의점에서 커피를 사지 않을 것이다!)이나 단골고객에게 방을 업그레이드해주지 않는 호텔 안내데스크 직원처럼 복종적인 방해분자는 조직의 생산성을 저해하고 진정한 잠재력을 앗아갈 수 있다. 이러한 은밀한 방해공작을 감지하는 것은 어려울 수 있지만 그만한 가치가 있다.

제 2차 세계대전을 배경으로 하는 흑백 영화에 등장하는 검문소 직원을 상상해 보자. 그는 트럭 운전수에게 "신분증을 보여 달라"고 말한다. 그러고는 신분증과 운전수를 찬찬히 살펴본 뒤 아무런 문제가 없다는 사실을 뻔히 알지만 차량을 철저히 점검한다. 통과하기를 기다리는 차량의 행렬이 점차 길어지는 것이 보이지만 웃어넘긴다. 그는 조국을 지키고 전쟁 중 발생할 수 있는 사고를 막기 위해 주의를 기울이는 무자비한 국가 요원의 화신이다.

이와 동일한 일이 오늘날 여러분의 조직에서 발생하고 있으며 조직을 좀먹는 동일한 결과를 낳고 있다.

CHAPTER 2

연설을 통한 방해공작

연설을 하라.
가능한 한 자주, 길게 말하라.
장황한 일화와 개인적인 경험을 늘어놓으며
요점을 전달하라.

—

　지나치게 말이 많은 사람은 주위 사람을 성가시게 만든다. 하지만 그들이 과연 방해자가 될 수 있을까? 물론이다! '연설'이 길어야만 피해를 주는 것은 아니다. 어느 정도 길이만 되면 된다. 또한 반드시 연단에서 행해지는 연설일 필요도 없다.

　제 2차 세계대전 중 OSS의 지휘 하에 적진에서 철도 관리자의 신분으로 첩보활동을 하는 파괴 공작원을 생각해 보자. 그는 군수 용품 운송 및 여객 열차 서비스 편성과 관련된 다음 주 일정을 결정하는 회의에 참석한다. 그는 유용한 조언을 제공한 뒤 '즉'이라고 말하며 똑같은 조언을 다른 말로 반복한다. 운송 전문가로서 전쟁에 참여한 경험을 한, 두 개 덧붙이기도 한다. 그의 연설은 흥미롭기 때문에 그가 '밤샘 연설자^{Long Talker}'라고 생각하는 사람은 아무도 없다. 사실 사람들은 그의 이야기를 듣고 싶어 한다. 하지만 회의가 끝난 뒤에도 아직 결정을 내리지 못한 사안이 남아 있다. 회의 책임자는 충분히 토론을 하지 않은 채 성급히 이 결정들을 마무리 짓는다.

　모든 일이 잘 처리된 것처럼 보인다. 하지만 그 주 말, 군용 열차가 물품을 내려놓아야 하는 역에 여객 차량이 정차되어 있는 바람에 도미노 효과로 최종 목적지에 물품 지급이 지연되고 만다. 하지만 아무도 이를 '밤샘 연설자'의 탓으로 돌리지 않는다. 회의가 끝난 뒤 결정을 내리도록 남겨진 사람들에게 비난의 화살이 돌아간다.

OSS 직원들이 이 '연설하기' 전략을 고안했을 때 그들은 회의실과 연단을 예약해 진행하는 연설을 생각하지는 않았다. 그들이 의미한 것은 모든 가능성을 계속해서 언급하는 연설이었다. 직원회의에서 누군가가 혼자 길게 말한다고 해서 크게 문제가 되지는 않는다. 좋은 연설일 경우 동료들에게 영감을 주고 정보를 제공하며 그들을 이끌 수 있다. 다른 이들의 행동을 촉구할 수 있는 것이다.

하지만 지나치게 많이, 자주 말을 할 경우 토론이 오랫동안 지연되거나 주제에서 벗어날 수 있다. 결국 모두가 다음 업무 수행에 조금씩 차질을 겪을 수 있으며 혼란스럽고 초조해지거나 이해력이 떨어지는 바람에 실수를 저지를 수 있다. 그것이 바로 OSS가 의도하는 바다. 따라서 직장 내에서 벌어지는 온갖 종류의 연설을 통한 방해공작을 심각하게 받아들여야 한다.

연설을 통한 방해공작을 예방하는 첫 번째 단계는 그 형태를 가능한 한 많이 파악하는 것이다. 이번 장에서는 여러분이 익숙하게 느낄 여섯 가지 유형의 방해분자를 살펴보겠다. 말했다시피 이들 대부분은 회의에서 주로 마주칠 수 있지만 때로는 복도나 심지어 화장실에서 마주칠 수도 있다. 이번 장의 끝부분에서는 그들의 행동이 여러분의 조직과 조직의 목표 수행에 방해가 되는 것을 예방하기 위한 핵심 전략을 살펴볼 것이다.

연설을 통한 방해분자의 유형

우리는 물론 말을 할 필요가 있다. 업무를 수행하기 위해서는 대화를 해야 하고 회의에 참석해야 한다. 또한 다른 사람보다 확실히 의사소통에 뛰어난 이들이 있으며 우리 모두는 '컨디션이 별로 좋지 않아' 필요 이상으로 말이 많은 날이 있기 마련이다. 이런 날에는 요점을 명확히 언급하지 못하고 두서없는 설명만 늘어놓거나 주제에서 벗어난 말을 하기도 한다. 하지만 연설을 통해 방해공작을 반복적으로 일삼는 만성적인 범인도 있다. 이들은 회의와 대화의 진행에 방해가 되며 시간을 낭비한다. 우리는 사적이거나 전문적인 상황에서, 크고 작은 조직에서 천진난만하게 이 같은 행위를 벌이는 여섯 가지 유형의 방해분자를 쉽게 찾아볼 수 있다.

밤샘 연설자

인터넷 은어사전 어반딕셔너리에 따르면, 밤샘 연설자란 "자신과 하루 일과에 대해 끊임없이 재잘대는 사람"이다. 이들은 보통 자신이 언제 길게 말하며 상대가 그들이 입을 다물기를 얼마나 원하는지를 모른다.[2]

밤샘 연설자는 전화 회의나 화상 통화, 개인적인 회의 등에서 끊임없이 말한다. 질문을 받으면 짧게 "네"나 "아니요"라고 말하는 법이 없다. "그렇습니다. 그 이유를 들자면"이라든지 "아닙니다. 왜 그런지 아세요? 이걸 보니 그 때 생각이 나는군요"라는 식으로 말을 이어간다. 그들은 회의의 주제와 관련이 없을 때에도 자신의 경험담을 공유하려고 지나치게 애를 쓴다.

이러한 행동은 대부분 긍정적인 기여를 한다. 밤샘 연설자는 회의에 참석한 다른 이들보다 연장자이며 경험이 풍부할 수 있다. 그들의 이야기는 문제를 분석하고 이에 객관적으로 대처하는 방법을 습득하는 능력을 신장시키는 데 도움이 될 수 있다.

그렇다면 이들의 행동이 조직에 해가 되는 경우는 언제일까? 회의에 참석한 다른 이들이 밤샘 연설자가 강조하려는 논지를 이미 이해한 상태라 더 이상 긴 말이 필요 없을 때다. 다른 사람이 그들의 의견에 이미 동의한 경우, 다른 논제를 다뤄야 하는데 시간이 촉박한 경우, 회의를 마친 뒤 사람들이 각자 자신의 업무를 수행해야 하는 경우다. 그 때가 바로 이야기를 듣느라 낭비하게 되는 시간으로 인한 부정적인 결과가 긴 이야기의 장점보다 커지는 순간이다. 밤샘 연설자는 우리의 소중한 시간을 앗아간다.

삼천포 연설자

삼천포 연설자는 회의와 관련이 없는 방향으로 질주한다. 몽상을 하거나 이메일을 체크하느라 대화를 따라가지 못해서 그럴 수도 있고 대화를 이해하지 못해서 그럴 수도 있다. 새로운 소프트웨어 구입 결정에 관해 논의하고 있다고 치자. 삼천포 연설자는 새로운 하드웨어 구입에 관한 의견을 내거나 질문을 할 수 있다.

이러한 행동을 수용해야 할 때는 언제일까? 새로운 주제를 던질만한 이유가 충분히 납득되는 경우와 앞으로 일어날 일에 대한 기대가 합리적인 경우다. 즉, 중요한 결정을 대충 내리는 일은 없을 거라 여겨질 때다. 예를 들어, 재무부에서 불필요한 업무를 반복하지 않기 위해 새로운 소프트웨어를 설치할지 여부를 결정하는 회의를 생각해 보자. 이 회의에서 삼천포 연설자가 소프트웨어가 설치될 하드웨어가 구식이라는 점을 지적하느라 옆길로 샌다면 이는 용납할 수 있다.

이러한 행동은 삼천포 연설자가 조직 내 중요한 인물일 경우에도 수용되어야 한다. 예를 들어, 정치적인 목적이나 조직적인 목적에서 삼천포 연설자의 기여가 중요할 경우 즉, 이들의 영향력이 클 경우다. 이때에는 그들의 말에 귀 기울여야 하되 그럴만한 이유가 충분해야 한다.

이러한 행동은 특정 조직의 사람들이 한데 모이는 것이 쉽지 않은 상황에서도 용인되어야 한다. 한 사람은 홍콩에, 다른 두 사람은 런던에, 또 다른 한 사람은 보스턴에 있을 수 있다. 그들은 각기 일정이나 시간대가 달라 직접 만나기가 어렵다. 따라서 그들이 영상 통화나 전화가 아니라 실제로 한 방에 모일 경우, 이 때 발생되는 가치가 크기 때문에 삼천포 연설자가 한, 두 명 등장하는 것쯤은 문제가 되지 않는다.

하지만 이러한 예외를 제외한 나머지 행동은 방해공작에 해당된다.

다음의 예를 살펴보자. 이는 미국에서 가장 큰 의료 센터에서 근무하는 의료 종사자가 들려준 얘기다. 그와 동료 직원들은 최전방에서 일한다. 즉, 환자와 가족들이 치료를 받으러 올 때 맨 앞에서 그들을 맞이하는 직무를 담당한다.

어느 날, 그의 상사가 주요 병원에서 일하는 다양한 암 치료 부서장들이 참석하는 회의를 소집했고 모두 참석하라고 말했다. 회의의 목표는 서로의 역할을 이해함으로써 보다 긴밀한 업무 협력을 꾀하는 것이었다.

45분 동안 회의는 주제를 벗어나지 않았다. 모두가 자기소개를 했고 다양한 부서 간의 연계를 강화하기 위해 각자 할 수 있는 일이 무엇일지에 관해 의미 있는 토론이 이어졌다. 그렇다면 목표가 성취된 것처럼 보인다. 과연 그럴까? 섣불리 판단해서는 안 된다.

회의가 끝나갈 무렵, 회의 중재자는 "할 말이 더 있으신 분 있나요? 시간이 조금 남아서요."라고 말했다. 바로 그 때, 15분이 남았다는 사실에 대담해진 한 부서장이 자신의 부서에서 수행 중인 업무 절차와 관리 기술에 대해 얘기하기 시작했다. 회의 주제와 딱히 관련 있는 사항은 아니었다. 그가 말을 꺼내자 다른 부서장 역시 이에 질세라 자신들의 절차와 관리 기술에 대해 늘어놓기 시작했다.

부서장 간의 대화가 길어지자 최전방에서 일하는 직원들은 말이 없어졌다. 우리에게 경험을 공유한 그 직원은 당시의 상황에 대해 이렇게 말했다. "우리는 질병 센터 세 곳에 걸려오는 전화를 한 사람이 전부 처리하고 있을 거라는 생각뿐이었죠. 보나마나 그 사람은 과도한 업무에 시달리고 있었을 테니까요. 회의는 30분이나 더 계속되었어요. 우리가 회의를 통해 이뤄낸 발전사항은 도로 아미타불이 되고 만 거죠. 회의가 끝날 무렵, 부서장들은 우리가 침울해 한다고 느꼈을 거예요. 우리는 정말로 우울했어요. 부서장들은 우리의 일을 전혀 이해하지 못한 거예요."

삼천포 연설자의 특기인 상관없는 주제를 제기하는 행위에 대해서는 4장에서 보다 구체적으로 살펴볼 것이다. 더불어 삼천포 연설자의 잘못과 이를 예방하는 방법 역시 함께 살펴보겠다.

방랑 연설자

엘렌 드제너러스Ellen DeGeneres는 1995년, 『내 요점이 뭐냐면⋯ 요점이 있긴 있다니까요My point...and I Do Have One』라는 제목의 회고록을 출간했다. 우리는 엘렌이 방랑 연설자라고 생각하지 않지만 그녀의 책 제목은 방랑 연설자의 정의를 정확히 담고 있다.

방랑 연설자의 의도는 상당히 바람직하다. 그들은 자신의 발언이 대화에 기여할 수 있을 만큼 의미 있다고 생각한다. 하지만 얼마 안 가(사실 때로는 30초도 되지 않아) '의미 있는' 부분이 어디인지를 파악하는 데 오랜 시간이 걸릴 거라는 사실이 명확해진다. 눈덩이가 산 아래로 내려가면서 점차 커지는 모습을 상상해 보아라. 그 눈덩이 속 어딘가에는 다이아몬드가 묻혀 있다. 하지만 이 다이아몬드를 찾으려면 우선 눈덩이를 멈추게 해야 한다. 그런 다음에 눈을 계속해서 파내야 한다.

통찰력 있다고 입증된 방랑 연설자는 방해자가 아니다. '방랑'은 사실 큰 그림을 확실히 이해하고 있으며 이를 이해하는 데 있어 '남들보다 한 발 앞서'있다는 의미이기도 하다. 이 경우 그들이 생각의 실타래를 푸는 것을 지켜보는 것은 다른 회의 참석자의 이해력을 높이는 데 도움이 될 것이다.

예를 들어, 조직 내에 새로운 기술을 도입할지를 결정하기 위해 다른 매니저 네 명과의 회의에 참석한 임원, 팸을 생각해 보자. 해당 기술에 대해 경험과 지식이 있었던 팸은 이 기술에 대해 어떻게 생각하느냐는 질문을 받자 2년 후에 펼쳐질 '차세대' 기술의 잠재력에 대해 얘기하기 시작했다. 그녀는 5분 넘게 설명을 이어갔으며 "단순한 얘기를 길게 늘어놓은 것 같네요."라며 웃음으로 마무리 지었다. 그러자 회의에 참석한 다른 임원이 손을 들며 "미안한데요, 팸, 제가 이해력이 부족해서 그런 건지 몰라도 그 단순한 얘기가 무엇인가요?"라고 물었다. 모두가 웃었고 팸은 "우리 모두를 위해 이 기술을 채택해야 한다는 거예요. 미래에 대비하기 위해서지요."라고 말했다. 회의는 계속되었다. 팸의 설명 덕분에 모두가 큰 그림을 보다 잘 이해하게 되었으며 이 사안에 대해 보다 깊이 생각하게 되었다.

방랑 연설자가 '미숙련자'일 경우, 모든 사람이 이 미숙련자를 가르치기 위해 몇 분을 할애하는 것이 가치 있다는 사실에 동의할 때에는 이 방랑 연설자를 방해자로 판단하지 않아도 된다. 예를 들어, 구매해야 하는 부품의 특정 기술을 세부적으로 파악하는 데 지나치게 시간을 쏟아 붓는 하급 공급망 관리자를 생각해 보자. 그녀는 상사가 구매를 승인하기 위해 알고 싶은 것은 자사의 기술적인 요구사항을 만족시키는 장비를 공급자가 납품하는지 여부뿐이라는 사실을 모른다. 이 경우 이 관리자는 방해자가 아니다.

방랑 연설자가 방해자가 되는 경우는 이들의 행동이 만성적이 될 때다. 혹은 무슨 생각을 하던 도중 이를 놓쳤지만 계속해서 이야기함으로써 다시 파악하려고 하는 것이 점차 확실해질 경우, 듣는 이가 방랑 연설자만큼이나 해맬 경우, 듣는 이가 멍해지거나 몰래(혹은 대놓고) 이메일을 확인하거나 다른 사람(심지어 회의에 참석한 다른 사람에게)에게 문자를 보낼 경우 방랑 연설자는 방해자가 된다.

꼼꼼한 연설자

꼼꼼한 연설자는 사람들마다 각기 다른 학습 방식을 지니고 있다는 사실을 알고 있다. 또한 무언가를 철저히 설명했다고 해서 사람들이 그 내용을 반드시 이해하는 것은 아니라는 사실도 안다. 그래서 자신이 전달하려는 메시지를 반복하거나 똑같은 내용을 다른 방식으로 설명함으로써 모두를 '이해시키려' 한다. 사실 이는 훌륭한 자질이라 할 수 있다. 더 많은 과학자들이 뇌에 관한 연구를 진행함에 따라 우리의 독특한 학습 방식에 대해 더 많은 사실이 밝혀지고 있다. 꼼꼼한 연설자는 많은 경우 자신이 속한 조직에 크게 기여한다. 사람마다 학습 방식이 다를 수 있기 때문에 각기 다른 방법을 적용해야 한다고 믿기 때문이다. 이러한 사람들은 듣는 이에게 다양한 학습방법을 제시할 수 있으며 요점을 다면적으로 설명하는 경향이 있다.

그렇다면 이러한 행동이 도를 지나쳐 방해공작이 될 때는 언제일까? 꼼꼼한 연설자가 한 번 말해도 충분할 사항을 세 번 강조해야 한다고 지나치게 믿을 때다. 또한 그들이 의도치 않게 잘난 척하는 것처럼 보여 사람들이 외면하는 경우, 모든 사람을 수용하려하다가 소중한 단체 시간을 낭비하는 경우다.

하버드 경영대의 프랭크 체페데스 교수가 말했듯 "항상 두 번 말할 필요는 없다."

증가하는 자원봉사자를 관리하는 가장 좋은 방법에 대해 논의하는 회의를 생각해 보자. 한 참석자가 관심사, 기술, 나이 등에 따라 자원봉사자의 업무를 분담하는 방법에 대해 장황하게 설명한 뒤, 똑같은 내용을 다시 설명하기 시작했다. 단, 이번에는 보드판에 그림을 그려가며 묘사를 했다. 설명이 끝나자 그녀는 이번에는 가방에서 레고 조각을 꺼내 다른 크기와 색상의 조각을 붙여가며 다양한 그룹의 사람들에게 시연하기 시작했다.

회의에 참석한 다른 사람은 이렇게 말했다. "그녀의 설명은 시각적으로 이해하는 데 정말로 도움이 되었습니다. 하지만 '이해가 안 되는 부분에 봉착했을 때에는 나 혼자 생각할 시간을 좀 달라'고 말하고 싶기도 했습니다. 그 사람은 지나치게 말이 많았거든요. 물론 의도는 좋았지만 전체 시간을 낭비한 느낌이 드네요."

'저요, 저요!' 연설자

초등학교 4학년 때 수업 시간에 항상 손을 들곤 했던 아이를 기억하는가? 선생님이 질문을 할 때마다 당장 자리에서 일어날 것처럼 인상을 잔뜩 쓰며 '저요, 저요!'라고 외치던 아이 말이다. 이들은 선생님으로부터 지목받으면 대답을 하거나 의견을 말하기 위해 기를 쓰고, 선택당하지 못하면 한숨을 쉬고 중얼거리다가 지목당한 아이가 대답을 할 때마다 눈을 말똥거리곤 했다.

여러분이 참석한 회의에 그런 사람이 있다면 행운이다. '저요, 저요!' 연설자는 해리포터에 등장하는 헤르미온느 그레인저와 같다. 그들은 해당 주제를 속속들이 알고 있다. 또한 바로 본론으로 들어가 다른 이들이 가장 중요한 문제를 빨리 파악할 수 있도록 도와줌으로써 시간을 크게 절약해 준다. 사람들은 '저요, 저요!' 연설자가 전달하는 통찰력을 훗날 유용하게 활용할 수 있다.

하지만 이들은 방해자가 될 수도 있다. 자신의 전문 영역에서 벗어나거나 자신이 모르는 내용을 토론하는 자리에서조차 대화에 기여하고 싶어 할 때다. 그들은 다른 사람들이 자신이 말하지 않는 이유를 궁금해 할까봐 말을 하지만 그렇게 함으로써 자신이 거만하게 보일 수 있다는 사실을 알지 못한다. 예를 들어, '저요, 저요!' 연설자가 광고 분야에 종사할 경우, 해당 프로젝트의 세부사항과 목표를 잘 모를지라도 다른 이들이 진행 중인 프로젝트의 창의적인 방향에 대해 항상 피드백을 제공하려고 할 수 있다.

이들은 회의 참석자 중 가장 중요하다고 생각되는 사람의 의견을 앵무새처럼 반복하기도 한다. 그들은 내용을 빠삭하게 알고 있는 것처럼 보이기를 원하지만 사실은 그렇지 않기 때문에 이런 식으로 기여함으로써 만족감을 느낀다. 안타깝게도 이러한 불필요한 기여 때문에 들어볼 가치가 있는 의견을 공유할 수 있는 소중한 시간을 빼앗길 수 있다.

자고니스타

자고니스타(어반딕셔너리에 따르면 '온갖 전문 용어를 활용하면서 말을 늘어놓지만 정작 제대로된 의미로 쓰지는 못하는 사람'이라고 한다)는 OSS에서 다루는 비중이 적지만 특히 오늘날 연설을 통한 방해공작의 중요한 유형 중 하나다. 자고니스타는 조직의 유형에 관계없이 해당 조직의 성공에 절대적으로 중요한 역할을 하기 때문이다. 그들은 연륜과 다양한 경험 또는 젊음과 앞서가는 지식을 무기로 독특하고 가치 있는 정보를 제공한다. 자고니스타는 업무 절차와 관련된 중요한 정보를 공유하는 전문 기술자일 수 있으며, 예산에 관해 중요한 메시지를 전달하거나 자원을 관리하는 새로운 방법을 제공하는 금융 전문가일 수도 있다. 우리는 자고니스타의 말에 귀 기울일 필요가 있다. 그들은 우리의 지평을 넓혀줄 것이다.

단, 그들의 말을 이해할 수 있어야 한다.

자고니스타의 문제는 연설을 통한 방해공작을 저지르려고 하지 않을지라도, 간결하게 말할지라도, 종종 자신들이 제공하려는 정보를 제대로 전달하지 못한다는 사실이다. 그들은 우리에게 중요한 사실을 말했다고 생각하며 회의를 마치지만 우리는 무슨 회의였는지 알 수 없는 채로 회의실을 떠나며, 더 최악의 경우 요지는 알겠지만 중요한 세부사항은 놓쳤다는 생각이 들 수도 있다. 내용을 이해하지 못했기 때문이다. 이렇게 잘못 이해한 결과, 여러분을 비롯해 자고니스타의 전문적인 연설을 들은 사람은 훗날 실수를 저지르게 된다.

방해공작 자체는 자고니스타가 청중의 요구 사항을 파악하지 못하기 때문에 발생한다. 그들은 첫 문장부터 어려운 말로 시작해 연설(기술적인 세부사항 등)을 이어갈수록 청중의 혼란을 가중시킨다.

예를 들어, 경험이 풍부한 COO가 스무 살 가량의 마케팅 직원들에게 "이 제품이 성공하려면 'soup to nut' 식의 접근 방법이 필요하다."고 말한다고 치자. 상당히 똑똑하고 젊은 이 직원들도 상사의 상사가 무슨 말을 하는지 전혀 이해하지 못한다(이 말을 이해하지 못하는 독자를 위해 설명을 하자면, 'soup to nut'이란 수프에서부터 시작해 견과류까지 몇 시간이 걸리는 코스 요리를 말한다. 즉 '총체적인' 혹은 '통합적인' 방법을 일컫는 속어다).

반대로, 최신 기술에 능통한 20대 매니저가 이메일에 답하는 방법조차 모르는 사람들에게 "우리는 SMAC을 최대한 이용해 이 시장에 진출할 수 있습니다."라고 말하는 경우를 생각해보자. 운이 좋을 경우 누군가 "SMAC이 뭐죠?"라고 물을 수 있다. 그러면 젊은 매니저는 SMAC이란 사회Social, 모바일Mobile, 분석학Analytics, 클라우드Cloud를 의미한다고 말할 것이다.

조직 차원의 연설을 통한 방해공작

우리는 앞서 살펴본 여섯 가지 유형의 방해분자를 주위에서 쉽게 접할 수 있다. 하지만 이러한 방해공작은 조직 차원에서 발생하기도 한다. 어떻게 그러한 일이 가능할까?

여러분이 참석한 회의에서 상사가 안 좋은 결정 사항을 공지하거나 누군가가 논쟁의 여지가 있는 계획을 발표하거나 복잡한 절차를 제안했다고 치자. 회의가 끝난 후 사람들은 사무실이나 커피 자판기 근처에서 혹은 이메일을 통해 해당 결정이나 제안, 절차의 장점에 대해 비밀리에 논할 것이다. 이것이 바로 조직 차원의 연설을 통한 방해공작이다.

이는 뒷담화를 얘기하는 것이 아니다. 뒷담화는 하찮으며 사적이다. 우리가 말하는 '후속 대화'는 자신의 부서나 조직에서 일어나는 일에 관심이 많은 직원들 간에 이루어지는 불만 표출이나 건설적인 토론을 말한다. 이는 바람직한 일이다. 누구든 회사에 관심이 있는 직원들을 원한다.

하지만 이러한 대화는 연설을 통한 방해공작으로 바뀔 수 있다. 사람들은 토론이나 회의가 끝난 뒤 삼삼오오 모여 별도로 대화를 나누거나 논의를 하는 데 지나치게 시간을 할애할 수 있다. 이 경우 대화의 주제는 처음 논했던 대상과 처리해야 하는 업무에서 순식간에 멀어진다. 대화가 옆길로 새며 사람들도 이를 따라간다. 이 과정에서 사람들은 잘못 이해하고 오해하거나 상처를 받는다.

조직 차원에서 이루어지는 연설을 통한 방해공작은 해결해야 하는 문제가 있을 때 발생할 확률이 높다. 이 경우 모두가 자신만의 이론을 지닌 전문가가 되어 상사의 결정에 대한 대안, 더 강력한 제안, 개선된 절차 등 더 나은 해결책을 제공한다. 부수적인 대화가 정도를 넘어서고 사람들이 우려사항이나 의견을 표출할 수 있는 배출구나 지침이 존재하지 않을 경우 전체적인 생산성이 떨어지고 의사결정 과정이 방해를 받으며 분열을 초래할 수 있다.

다음의 예를 살펴보자. 수백만 달러 규모의 자선 단체에서 장시간에 걸쳐 회의가 진행되었다. 회원들은 큰 폭의 예산 삭감에 대응하기 위해 지도자 팀을 재조직하는 방법을 논했지만 아무런 해결책이 도출되지 않았다. 그 결과, 사람들의 우려가 증폭되었고 인격, 관리 유형, 선호, 단체의 미션, 발전 방법, 성공적인 계획에 관한 비공식적인 (때로는 은밀한) 대화가 오갔다. 지도자 팀이 보고서를 작성하는 동안 더 많은 사람이 매일 이 비공식적인 대화에 참여했다. 이 비공식적인 대화가 많아질수록 지도자 팀은 예산에 구조를 맞추기 위한 후속 회의에 더욱 집중할 수 없게 되었다. 결국 고위 지도자 팀원 두 명이 사임했고 어떠한 해결책을 마련하기도 전에 팀의 사기는 크게 저하되었다.

이 같이 '계속되는 연설'은 공식적인 기관에만 해당되는 것이 아니다. 여러분이 소속되어 있는 자원 봉사 단체에서 하나의 토론이 끝난 후 또 다른 토론이 이루어지는 것을 자주 목격하고 있지 않는가? 공식적인 회의가 끝난 후 식당 한 켠에서 혹은 메일을 통해 새로운 토론이 이루어지고 있지 않은가? 누군가는 기분이 상한 적이 있지 않은가? 모두가 다시 다함께 일하기 위한 전략을 짜기 위해 사적인 회의에 참석해야 한 적이 있지 않은가? 이것이 바로 조직 차원의 방해공작이다. 막후에서 계속되는 대화는 의미 있는 해결책이나 행동을 방해한다.

연설을 통한 방해공작 시정 및 예방하기

연설을 통한 방해공작에 실시간으로 대응하거나 이를 시정하는 방법, 그리고 이를 예방하는 방법은 사실상 거의 동일하다. 그중 특정 유형의 방해공작을 처리하는 데 더 적합한 방법이 있기 마련이다. 자세히 살펴보자.

시간 기록원을 배치하라

단체 토론을 시작할 때에는 모든 참석자에게 전체 회의 시간을 알려 주며 시간을 측정하는 사람을 공식적으로 지정하라. 이 시간 기록원은 중간에 끼어들어 "좋은 의견이야, 메리. 하지만 다음 주제로 넘어가야해. 20분밖에 남지 않았거든."이라고 말할 수 있다. 누군가가 즉흥적으로 그런 말을 하면 상대는 상처를 받을 수 있다. 하지만 공식적인 기록원이 그렇게 말할 경우 모두 그 사람이 자신의 일을 하고 있을 뿐이라고 생각하게 된다.

타이머를 활용할 수도 있다. 우리는 특정 회의를 진행할 때 구식 암실용 시계를 사용하곤 한다. 이 시계가 내는 소리는 상당히 크고 불쾌하지만 시간이 다 되었다는 것을 알려주기에 이만한 장치가 없다.

타이머는 냉정하지만 방랑 연설자를 제어하는 데 특히 유용하다. 이는 그들을 저지할 뿐만 아니라 그들이 논점을 전달하는 데 얼마나 오랜 시간이 걸리는지를 (처음으로) 스스로 인지하게 만든다. 그들이 전달하는 논점이 있는지는 모르겠지만!

북극성을 보여줘라

회의 참석자에게 논제나 특정 목표 등 회의를 순조롭게 진행하는 데 도움이 되는 명확한 대상을 제공하라. 그러기 위해서는 회의 참석자와 대화를 나눠야 한다. 가능하면 회의가 열리기 이틀 전, 토론의 목적과 해결하고자 하는 사항을 전달하라. 그러고 난 뒤 회의가 시작되면 사람들에게 "회의를 마칠 때 우리가 결정하고 발견하고 공표하고 싶어 하는 사안은 무엇일까요?"라고 말함으로서 목표를 다시 한 번 상기시켜라.

이렇게 할 경우 사람들이 주제에서 벗어날 때 회의의 목표를 언급함으로써 원래 목표를 고수할 수 있게 된다. 이 전략은 삼천포 연설자를 저지하는 데 특히 유용하다.

올바른 사람을 참석시켜라

회의나 토론에 참석할 사람들의 목록을 잠정적으로 작성한 뒤, 바비큐 파티나 스카이다이빙에 누구를 초대할지를 결정할 때와 마찬가지로 목록을 정리해 나가라. 누가 정말로 참석해야 하는지, 왜 그들이 참석해야 하는지, 그들이 어떻게 도움이 될지를 생각하라. 사람들은 습관 때문에 똑같은 대상을 회의에 계속해서 부를 때가 있다. 또한 그저 많은 사람을 포함하기 위해 필요 이상으로 많은 사람을 참석시키기도 한다. 모두가 확실한 이유로 회의에 참석할 경우 방랑 연설자가 주절거리고 삼천포 연설자가 횡설수설할 확률이 낮아진다. 또한 '저요, 저요!' 연설자가 제대로 된 정보를 갖고 올바른 이유로 참석할 확률이 높아지며, 회의가 끝난 뒤 사람들 사이에 불안감이 조성될 확률이 낮아진다.

의견을 물어볼 것인지와 그 이유를 사전에 결정하라

때로는 회의의 유일한 목적이 단체 토론이나 브레인스토밍일 때가 있다. 이것이 나쁘다는 말은 아니다. 하지만 회의를 이끄는 사람은 어떠한 주제나 형식의 회의에서든 사람들의 의견을 전부 들어야 한다고 지나치게 자주 생각하곤 한다. 이처럼 모두의 의사를 묻는 '정치적으로 올바른' 트렌드는 분위기를 싸하게 만드는 인간 '냉각기'의 역할에서 끝나지 않는다. 매니저, 특히 인사 담당자는 직원의 참여가 중요하다고 생각하지만 이것이 도움이 되지 않을 때가 있다.

예를 들어, 업무를 전달하는 것이 유일한 목적인 회의에 참석하거나 회의가 끝난 뒤 질문을 해야 하는 큰 회의에 참석할 경우 이러한 의견 요청은 환영받지 못할 것이다. 여기에는 실질적인 목표가 전혀 없으며, 아무런 이유 없이 의견 제시를 요청할 경우 밤샘 연설자, 삼천포 연설자, 방랑 연설자가 연설을 통한 방해공작을 펼치게 된다. 논의 시간 없이 회의를 마치는 것이 무례하다고 느껴지더라도 모두의 의견을 들어야 한다는 강박관념에서 벗어나야 한다.

회의가 끝난 뒤 논의 시간이 필요하다고 생각할 경우 '투 탭 규칙'을 따르기를 권장한다. 이는 우리가 발리볼에서 채택한 기법으로 한 가지 주제에 대해 두 사람만 의견을 제공하도록(혹은 공을 '치도록') 허락하는 것이다.

회의가 일정보다 일찍 끝날 경우 시간이 남았다고 해서 남은 시간에 사람들의 의견을 받아야 한다고 생각하지 마라. 회의 시간을 1시간으로 잡았는데 겨우 20분밖에 사용하지 않았다고 회의를 더 연장해서는 안 된다. 사람들은 남은 자유 시간을 환영할 것이다. 새로운 주제를 제안하거나 새로운 결정을 지나치게 빨리 내리려는 위험을 무릅쓰지 마라(삼천포 연설자가 '4분이나 남았어. 빨리 결정해 버리자.'라고 말하는 소리가 들리지 않는가!) 회의가 끝나면 그 자리에서 멈춰라.

'다른 의견이 있는 사람?' 같은 개방적인 질문 역시 피하기를 권유한다. 대부분 이러한 질문은, 특히 삼천포 연설자의 연설을 통한 방해공작으로 이어진다. 토론이 본래의 주제에서 벗어나는 것을 막기 위해서는 해당 주제에 초점을 맞춰 'X에 대해 다른 의견이 있는 분은 회의가 끝난 후 저에게 말씀해 주세요'처럼 다른 식으로 질문해야 한다.

목표와 도전 과제

오늘날 거의 모든 주제에 영향을 미치는 데 이용할 수 있는 풍부한 자료는 연설을 통한 방해공작을 미묘하게 부추길 수 있다. 회의에 효과적으로 기여하기 위해서는 자료를 통찰력으로, 통찰력을 유용한 식견으로 바꿀 줄 알아야 하며 그러기 위해서는 실질적인 기술이 필요하다. 하지만 대부분의 사람이 이러한 기술을 지니고 있는 것은 아니다.

여러분은 (회의 지도자로서 혹은 참석자로서) 자신이 제안하는 정보를 사전에 꼼꼼히 살펴봄으로써 도움을 제공할 수 있다. 여러분은 다른 이들이 얼마나 많이 알 것이라고 기대하는가? 그들이 회의의 목표를 달성하기 위해 여러분이 제공한 자료를 어떻게 활용할 수 있을까?

이러한 질문을 먼저 살펴본 뒤에 회의에 참석할 경우 다른 참석자의 입장에서 생각할 수 있다. 동료로부터 지나치게 많은 것을 기대하고 있지는 않은지, 자신이 기여하고자 하는 사항이 유용한지 (왜 그런지, 왜 그렇지 않은지) 알 수 있게 될 것이다. 여러분은 자신이나 다른 사람이 연설을 통한 방해공작을 저지르는 것을 막을 수 있을지도 모른다(특히 '저요, 저요!' 연설자는 자신이 갖고 있는 정보를 꼭 공유해야 하는지 확실히 알 수 있을 것이다. 자신이 회의에 참석하는 이유를 확실히 이해하게 될 것이며 그러한 정보가 없을 경우 적어도 입을 다물고 있어야 한다는 사실을 확실히 깨닫게 될 것이다).

소규모 비공식 조직에서는 이렇게 질문을 하는 것이 지나친 행위처럼 보일 수 있다. 하지만 꼭 공식적으로 질문을 하거나 특정 양식을 작성할 필요는 없다. 회의의 목적 차원에서 몇 가지 질문을 하는 것으로 충분하다. 모든 회의의 목표는 유용한 통찰력을 길러 이를 긍정적인 결과를 이끄는 데 활용하는 것이다. 이러한 목표를 달성하는 회의는 바람직한 회의다.

하지만 거기서 멈춰서는 안 된다. 유용한 통찰력을 이끌어내고 이를 활용해 긍정적인 결과를 도출하며 이러한 통찰력을 조직 내에 뿌리내리게 함으로써 반복적인 이익을 양산하게 만들어야 한다. 이는 도전적인 목표지만 이 목표를 달성했다면 여러분에게 경의를 표하고 싶다. 여러분은 연설을 통한 방해공작을 확실히 물리친 것이다. 방해분자들이 발을 디딜 수 없는 특별한 땅을 구축한 것이다.

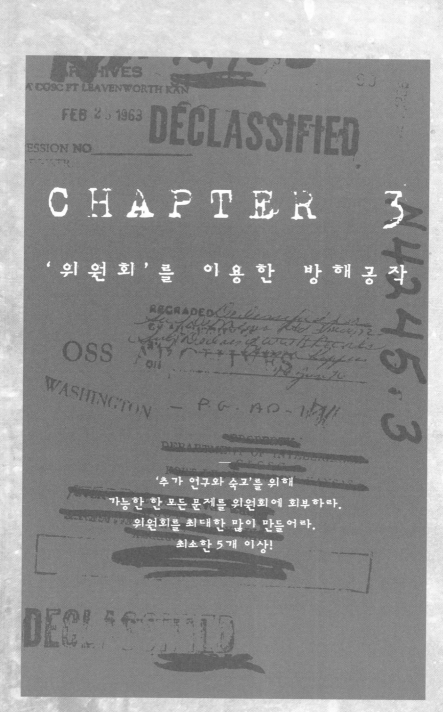

CHAPTER 3

'위원회'를 이용한 방해공작

'추가 연구와 숙고'를 위해
가능한 한 모든 문제를 위원회에 회부하라.
위원회를 최대한 많이 만들어라.
최소한 5개 이상!

1944년, 이 전략이 처음 공개되었을 때 '위원회'는 업무 조직을 일컫는 유일한 단어였다. 하지만 오늘날에는 '업무팀', '준비팀', '대책 위원회' 등 특정 프로젝트에 가담한 사람들을 의미하는 용어가 수없이 많이 존재한다. 이러한 조직은 그 이름이 무엇이든 간에 중요하며 업무 수행에 꼭 필요한 존재다.

때로는 적어도 두 사람이 필요하되 영구적인 조직이 반드시 존재할 필요가 없는 경우가 있다. 이 경우 임시 업무팀이 조성된다. 일종의 위원회다. 혹은 대기업에서 해당 업무 수행을 위해 모든 사람이 필요하지는 않다고 결정을 내릴 경우 하위 조직이 수립될 수 있다. 역시 위원회가 정답이다.

고등학교 댄스파티를 생각해 보자. 전체 학부모회가 학생들을 조직하는 데 관여할 필요는 없다. 장소를 물색하고(혹은 체육관을 예약하고 관리인에게 알리고) 장식하고 음식을 만들고 매니저를 섭외하고 안전 문제를 관리하는 등 큰 행사가 시작되기 전부터 끝날 때까지 필요한 수많은 일을 처리하는 데 모두가 참여할 필요는 없다. 하지만 이러한 일을 수행하기는 해야 한다. 따라서 사람들에게 음식 위원회, 장식 위원회, 청소 위원회 등 다양한 위원회에 자원해 달라고 요청한다. 업무를 관리 가능한 항목으로 나눠서 진행하는 것이다.

위원회는 보통 아주 바람직하다. 사실 이 책의 다른 부분에서는 위원회를 조성하라고 권고하고 있다. 하지만 위원회는 방해공작을 낳는 온상이 될 수도 있다.

우선 위원회의 경우 책임 소재가 불분명해질 수 있다. 큰 조직이 특정 업무를 위원회에 위임할 경우 이 업무나 활동은 조직 지도자의 감시망에서 벗어나게 된다(고등학교 댄스파티의 경우 학부모회장이 지도자가 될 것이다). 위원회는 대부분 자체적으로 기본원칙을 수립하게 되는데, 이 경우 굳이 원칙을 수립하지 않게 되는 경우가 허다하다.

위원회는 대표하는 사람이 명백하게 규정되지 않기 때문에 위원회가 수행하는 일에 대해 책임을 지는 사람도 없다. 이 경우 회의는 논쟁으로 가득 찰 수 있다. 사람들은 상처를 받고 오해가 발생하며 일은 제대로 처리되지 않는다. 최악의 경우, 위원회의 운영이 중단되기도 한다. 자신에게 회의를 소집할 권한이 있다고 느끼는 사람이 없기 때문이다.

개인에게 일을 위임할 경우 책임 소재가 분명해질 수 있다. 하지만 한 사람이 모두 처리하기에는 업무량이 지나치게 많아 임시 위원회가 소집될 경우 책임감이 희석되거나 아예 상실되기도 한다. 이 경우 개인의 업무가 위원회의 업무가 되는데, 이는 때로는 아무도 책임을 지지 않는 상황으로 이어져 부정적인 결과를 낳기도 한다.

이는 확실히 방해공작이다. 하지만 그게 다가 아니다. OSS에서 일하는 방해분자들이 파악했듯이 위원회는 태생적으로 시야가 좁을 수밖에 없다. 한 가지 업무를 수행하기 위해 수립된 후에는 도중에 방향을 전환하기가 쉽지 않다. 변화가 정당할 때조차도 그렇다.

도심의 황폐한 공터에 운동장을 건립하기 위해 마을 위원회가 설립되었다고 치자. 잘 조직된 회원들은 지도자를 정했으며 여러 종류의 장비를 조사하고 가격을 파악하는 등 업무에 착수했다. 그러던 어느 날, 시정부가 이 공터로부터 인접한 지역에 노인용 가구 단지를 건립할 예정이라는 소식이 들려왔다. 이 단지는 지도상으로 마을과 운동장 사이에 세워질 예정이었다.

이러한 소식에도 불구하고 위원회는 필시 계속해서 운동장을 건설하려고 할 것이다. 이는 '공터 활용하기'가 아니라 '운동장 설립' 위원회이기 때문이다. 회원들은 새나 나비를 끌어들일 주민 공원이나 장애인이 이용 가능한 조경을 설계하는 전문가가 아니라 운동장 설계 전문가를 초빙했을지도 모른다. 이 경우 전자가 공지를 활용할 더 바람직한 방법임에도 불구하고 위원회는 악착같이 운동장 설계를 고수할 것이다.

마지막으로, 위원회는 나태할 정도로 진행 속도가 더뎌질 수 있다(OSS는 이 세 번째 특징을 매력적으로 여길 것이다). 위원회는 확실한 마감일이 없는 경우가 많다. 그들의 업무는 무언가를 연구하고 일종의 권고안을 제안하는 것이다. 해당 업무를 잘 수행하기 위해 무엇이 필요한지를 처음부터 아는 사람은 없다. 따라서 정해진 기한이 존재하지 않는다. 모두가 희망하는 '완료' 날짜는 존재할 수 있지만 그러한 시한조차 없는 경우도 있다.

게다가 회원들은 위원회의 업무를 우선시하지 않는다. 고등학교 댄스파티로 다시 돌아가 보자. 이 위원회 회원 중 일부는 교사들이다. 위원회 회원으로서 그들의 업무는 수업과 방과 후 활동, 가족을 비롯한 기타 일보다 뒷전일 수밖에 없다. 학부모 회원들 역시 마찬가지다. 다들 직장이 있고 돌봐야 할 자녀가 있다(물론 그래서 그들이 학부모회에 속한 것이기는 하다). 게다가 연로한 부모까지 있다면? 위원회의 업무는 우선순위에 포함되지 못한 채 미뤄진다.

자신이 다니는 유대교 회당에서 치러지는 행사에서 바텐더로 자원봉사 활동을 하는 벤은 이를 상당히 잘 알고 있다. 그는 자신에게 이득이 되는 방향으로 위원회를 이용한 방해공작을 교묘하게(그리고 성공적으로) 저지른 적이 있다.

2000년대 초, 유대인 커뮤니티 내에서 발생하는 주류 문제를 해결하기 위해 중요한 국가 기관이 수립되었다. 이 기관은 유대교 회당에서 진행되는 다양한 행사에서 주류 반입을 금지하라는 경고장을 보냈다.

랍비가 벤을 사무실로 불러 경고장을 보여주며, "벤, 우리 이 문제를 처리해야 할 것 같네."라고 말했다.

벤은 그 경고장에 대응해야 한다는 사실을 알았다. 하지만 그를 비롯한 다른 자원봉사자들은 이미 소 커뮤니티 내에서 주류 남용 가능성 문제를 다룬 적이 있기 때문에 국가 기관의 계획에 더 많은 시간을 할애하는 것은 시간과 에너지 낭비라고 생각했다. 그래서 그는 "랍비님, 우리는 위원회를 설립해야 합니다. 소수가 참여하는 것이 아니라 모두가 관여하는 위원회 말입니다. 청년 대표, 남성 대표, 여성 대표, 이사 회원, 지역 음식공급자뿐만 아니라 랍비님도 위원회에 참여해야 합니다. 다른 바텐더들을 비롯해 과학적인 식견을 지닌 의사나 심리학자에게도 물어보겠습니다. 저희 회당과 커뮤니티 전체 내에서의 주류 사용을 전반적으로 살펴봐야 하며 모든 유형의 상황과 행사를 포괄하는 종합적인 주류 사용 정책을 제안해야 합니다."라고 말했다.

그러자 랍비는 "좋은 생각이네, 위원회를 만들자고."라고 대답했다.

여러분은 이 대화에서 핵심을 이해했을 것이다. 이 위원회는 한 번도 소집되지 않았으며 벤의 유대교 회당은 경고장을 받기 전과 동일하게 운영되었다. 유대인 커뮤니티 내 주류 사용에 관한 문제는 이제 더 이상 국가 기관의 관심사가 아니다. 어떠한 행동도 취하지 않았지만 어떠한 행동도 취할 필요가 없었다.

해당 조치에 반대하지 않고도 이를 중단시키는 가장 좋은 방법은 위원회에 맡기는 것이다. 벤이 제안한 위원회처럼 다양한 회원들로 구성되며 확실한 목표가 없고 마감일도 존재하지 않는 위원회를 설립하면 된다.

벤은 의도적인 방해분자다. 그는 위원회를 통한 방해공작이 어떻게 작용하는지를 알고 있기 때문이다. 그는 위원회가 조직의 블랙홀이 될 수 있다는 사실을 알고 있다. 해결해야 하는 문제는 제시하지만 아무런 해결책도 제공하지 않는 것이다. 게다가 그는 자신이 속한 조직이 자신이 보기에 별 문제가 되지 않는 사안을 다뤄야 하는 것을 원치 않았다. 그를 비롯한 다른 바텐더들이 그들의 유대교 회당에서 주류를 보관하고 공급하는 책임을 이미 맡고 있었기 때문이다.

벤의 방해공작을 감지하는 사람은 없을 것이다. 누군가 랍비에게 이 문제를 어떻게 해결하고 있냐고 묻는다면 그는 솔직하게 이 문제를 점검하기 위해 위원회를 결성했다고 말할 수 있기 때문이다.

아무에게도 해가 되지 않으며 아무도 속이지 않는 것이 아닐까? 이 경우 그럴 수도 있다. 적어도 벤의 관점에서는 그렇다. 우리는 대부분의 위원회가 고의적으로 일을 무산시키기 위해 조직되지는 않는다고 생각할 것이다. 대부분의 경우 사람들은 무언가를 자세히 살펴보기 위한 좋은 의도로 위원회를 결성한다. 그들은 최종 결정을 올바르게 내리기를 원하기 때문에 위원회 회원들에게 해당 사안을 면밀히 검토하도록 요청한다.

하지만 위원회는 일의 진행을 막을 수 있으며 이는 상당히 파괴적인 영향을 미칠 수 있다.

위원회를 이용한 방해공작 감지하기

우리는 보통 제대로 운영되지 않는 위원회를 쉽게 파악할 수 있다. 다행히 여러분도 그럴 수 있다. 사실 위원회가 방해공작의 근원이 되는지 여부는 꽤 쉽게 알 수 있는데, 다음과 같은 확실한 징후가 존재하기 때문이다.

회원 간에 의견이 엇갈리는 경우

회원들이 토론을 많이 하고 대화를 많이 나누지만 해결되는 사항은 하나도 없으며 책임자도 없는 경우다.

기관은 복잡하기 때문에 대부분의 경우 사람들은 협력해서 문제를 해결한다. 하지만 문제의 궁극적인 소유자는 누구일까? 즉, 문제를 해결할 책임을 진 사람은 누구일까? 위원회가 설립된 경우 '학부모회' 회장이나 '상사'처럼 일을 위임한 사람은 책임자가 될 수 없다. 그들은 너무 포괄적이다. 위원회가 여러 부서나 지역 출신의 동등한 사람들로 이루어져 있을지라도 위원회에 속한 누군가는 단일한 책임자가 되어야 한다.

문제를 해결하거나 결론을 내릴 책임자가 존재하지 않을 경우 조직은 의도하지 않은 방해공작의 순진한 희생자가 될 수 있다.

특정 계획이나 목표가 없을 경우

아무도 위원회의 활동으로 인한 결과물(보고서, 권고안, 행동

강령)을 명시할 수 없다면 그 위원회는 문제가 있는 것이다.

이는 마치 어떠한 요소를 살펴봐야 하는지, 최종 결과물의 양식은 어때야 하는지, 채점 기준은 무엇인지에 관한 지침도 주지 않은 채 고등학교 학생들에게 개별 연구('20세기 코미디' 같은)를 위한 광범위한 주제를 던지는 것과도 같다.

우리가 아는 한 회사의 경우, 임원들이 위원회 업무를 상당히 좋아하는 것처럼 보인다. 그들은 온종일 여러 업무팀과의 회의에 참석하느라 바쁘다. '바쁘다'는 것은 '가치 있다'는 의미다. 향후 몇 주간 일정이 꽉 차 있는 사람은 상당히 중요한 인물임에 틀림없다. 하지만 그들이 특정 회의에서 성취하는 일은 그리 많아 보이지 않는다.

한 회사의 지도자는 우리에게 이렇게 말했다. "이곳에서 좋은 회의란 회의가 끝난 뒤 서로에 대한 호감도가 조금 더 향상되는 회의를 의미합니다. 달성한 업무는 없을지라도 좋은 대화를 나눴고 함께 일했으며 함께 보낸 시간 덕분에 서로를 더 잘 알게 되는 것이지요. 게다가 여기에 도넛을 곁들이면 훌륭한 회의가 되는 겁니다!"

모두가 행복한 시간이다. 하지만 그로 인한 결과는? 아무것도 없을지도 모른다. 아마 시간 낭비 정도 아닐까?

마감일이 존재하지 않는 경우

제품 출시처럼 확실한 마감이 존재하는 경우도 있지만 오늘날 기관들은 자체적인 속도로 운영되는 것처럼 보인다. 모두가 알고 있는 확실하고 즉각적인 마감 기한이 있거나(다음 주 화요일까지 투자 위원회에 업무 계획을 발표해야 한다) 애매한 마감 기한(다음 분기 말까지 무언가를 준비해야 할지도 모른다)이 있을 수 있다.

한편, 지나치게 복잡해 언제 끝날지 사전에 예측할 수 없는 업무도 있다. 이 경우 보통 임시 계획표(90일 동안 수행할 업무 계획)가 수립된다.

하지만 정해진 기한이나 임시 일정표가 없을 경우 위원회가 비효율적으로 운영될 확률이 높다. 아무도 해당 업무를 진지하게 받아들이지 않고 위원회는 정기적으로 소집되지 않거나 소집되더라도 결론을 내리려는 의도 없이 시간 낭비만 이어질 것이다. 마감일을 정할 경우 모두가 집중하게 된다. 집중하지 않을 경우 위원회 회원들이 일을 완수하기가 쉽지 않다.

효과적인 위원회 운영하기

간단한 해결책만으로 위원회를 방해공작의 원천에서 생산적이고 협력적인 수단으로 바꿀 수 있다.

해결책 1

처음부터 역할을 정하라
특정 인물에게 책임을 부여하라

앞서 살펴본 세 가지 문제 모두(합의에 도달하기 위한 메커니즘 부재, 목표 부재, 마감일 부재) 원인은 동일하다. 책임자가 없다는 사실이다. 혹은 적어도 결과에 '구속되어' 있으며 앞장서서 목표를 명시하고 마감을 정하며 회원들로부터 동의를 얻어낼 권한이 있다고 느끼는 사람이 없는 것이다.

프로젝트 매니저 세계에는 단순하지만 상당히 효과적인 책임소재 모델이 존재한다. 바로 RACI다. 이 모델에 대해 잘 알고 있다면 다음 몇 문단은 건너뛰어도 좋다. 하지만 그렇지 않을 경우 여러분은 곧 강력한 개인 관리 도구이자 위원회를 통한 방해공작을 예방하는 훌륭한 수단이 될 단순한 기법을 배우게 될 것이다.

새로운 구역에 레스토랑 체인점을 낼지 결정해야 한다고 해보자. 사장은 현지 상황을 점검할 위원회에 직원들을 파견하기로 결정했다. 지사장은 당연히 자신들을 대표할 누군가가 위원회에 참석하기를 원한다. 레스토랑 운영팀 역시 마찬가지다. 결국 새로운 레스토랑을 운영해야 하는 사람은 자신들이기 때문이다. 마케팅팀 역시 참석해야 한다. 새로운 지점을 홍보하는 방안을 파악해야 하기 때문이다. 구매 조달팀 또한 마찬가지다. 새로운 공급자목록을 작성해야 하기 때문이다. 재무팀는? 누군가는 새로운 레스토랑이 수익을 낼지를 파악해야 하지 않을까? 인적 자원팀은? 새로운 체인점을 낼 경우 새로운 직원을 채용할 필요가 있다. 부동산팀은? 새로운 장소를 물색하고 확보하기 위해 필요하다. IT팀은? 새로운 레스토랑을 운영하려면 기술 시스템이 필요하다. 법률팀은? 계약서를 작성하기 위해 필요할 것이다. 가맹점 홍보는? 내부 의사소통은? 지금까지만 해도 이 위원회에 속할 수 있는 사람이 열 한 명이 된다. 여기에 한번 탄력이 붙기 시작하면 더 많은 조직이 합류하기를 원할 것이다.

하지만 이 열 한 명이 전부 필요할까? 위원회가 회의를 소집할 때마다 이 모든 사람이 전부 참석해야 할까?

RACI가 필요한 시점이 바로 이 때다. RACI 모델에서 회원들은 네 가지 역할 중 한 가지를 맡을 수 있다.

R(Responsible)   담당
A(Accountable)   책임
C(Consulted)   자문
I(Informed)   공지

레스토랑 체인 위원회의 경우, 각 부서의 대표자들은 위 역할 중 하나를 수행한다. 마케팅팀을 살펴보자. 새로운 주에 체인점을 열지를 결정할 때, 마케팅팀은 위원회에 대표자를 참석시킬 필요가 있다. 마케팅 분석, 광고 및 홍보비용, 경쟁적인 역학 관계를 고려해야 하기 때문이다. 따라서 마케팅팀의 역할은 R(담당)에 해당된다. 결정을 담당할 역할을 맡기 때문에 위원회에 필요한 구성원이다.

그렇다면 법률팀 역시 마찬가지일까? 법률 대변인이 매 회의마다 참석해 모든 의사 결정에 개입해야 할까? 그럴 필요는 없을 것이다. 대부분의 경우 법률 관련 조언은 법적인 조치를 취하기 전에만 필요할 뿐이다. 따라서 법률팀의 역할은 C(자문)에 해당된다. 법률 담당자는 결정을 내리기 전에 법적인 조언을 제공하는 한 위원회에 반드시 참석할 필요는 없다.

IT팀은 어떠할까? IT는 결정이 시행 단계로 넘어가기 전에는 그다지 필요하지 않은 역할이다. IT 담당자는 의사 결정 자체를 내릴 권한이 없다. 하지만 그들 역시 돌아가는 상황에 대해 보고받아야 한다. 그들에게 결정 사항을 공지해야 하는 것이다. 그러나 권고사항이나 결정을 내린 후에 공지해도 상관없다. 따라서 그들의 역할은 I(공지)에 해당된다.

이제 중요한 역할 한 가지만 남았다. 바로 A(책임)다.

물론 조직 내에 일어나는 모든 일에 대한 책임은 사실 사장에게 있지만(전 미국 대통령 해리 트루먼이 집무실 책상에 올려놓은 명패에 새겨진 유명한 문구, '모든 책임은 내가 진다'를 떠올려보자) 사장이 조직에 영향을 미치기 위해서는 책임을 위임할 필요가 있다. 즉, 다른 이들이 다양한 결정을 내리도록 만들어야 한다. 아니면 자신이 모든 책임을 져야 하는데, 이 경우 결국 기업이 효과적으로 기능하거나 성장할 수 있는 역량이 제한을 받게 된다.

모든 결정에는 책임자가 필요한데, 위원회 자체는 책임자가 될 수 없다. 책임자는 사람이 되어야 한다. 따라서 사장은 위원회의 최종 결정을 책임질 권한을 누군가에게 위임해야 한다. 이 책임은 영원하지 않으며 사장이 언제든 개입해 결정을 번복할 수 있지만 사장은 위원회 회원 중 한 명을 반드시 책임자로 지정해 A(책임)를 맡겨야 한다. 그 사람이 궁극적으로 팀의 업무를 책임지며 권고사항을 책임지게 된다.

많은 조직이 한 사람에게 책임을 떠맡기는 것을 꺼려한다. 여기에는 정치와 인격이 개입된다. 새로운 주에 레스토랑 체인점을 열지를 결정할 권한이 지사장에게 있다면 그는 마케팅 부서가 선호하지 않는 방향으로 결정을 내릴 수도 있지 않을까? 운영팀은 자신들에게 해당 조치를 지원할 역량이 부족하다고 느낄 수 있지 않을까? 차라리 모든 부서가 함께 결정을 내리는 편이 낫지 않을까?

물론 그럴 수도 있다. 그것이 효과적이라면(모두가 '쿰바야'를 부르며 힘을 합칠 경우) 훌륭한 결과가 나올 것이다. 사장은 불화로 끝나는 위원회보다는 만장일치의 결정을 선호할 것이다.

하지만 그러한 의사결정 과정은 혼란스러워질 수 있다. 균형을 유지해야 하며 승리자와 패배자가 존재할 수 있다. 따라서 사장이 나서서 온갖 골치 아픈 결정을 내리기를 원치 않는 한, 누군가가 대신해서 그러한 결정을 내려야 한다. 바로 A 역할을 맡은 사람으로, 그는 위원회 활동이 낳은 가장 성공적인 결과물을 책임지게 될 것이다.

RACI를 효과적으로 활용하기 위해서는 담당(팀), 책임(한 사람), 자문(결정을 내리기 전에 관여), 공지(결정을 내린 후에 관여)라는 네 가지 단계만 기억하면 된다.

RACI 모델은 명료한 성격 덕분에 여러분이 속한 위원회를 하룻밤 사이에 변모시킬 수 있다. 따라서 이 단순한 기법을 습득하고 연습할 필요가 있다.

해결책 2
해당 업무를 시행하기 위해
위원회가 꼭 필요한 지를 점검하라

우리의 고객인 한 기업의 고위 관리팀원들은 세계적인 수준의 인수에서부터 연례 소풍 행사에 이르기까지 광범위한 사안을 결정하는 데 관여했다고 농담을 하곤 했다. 한 팀원은 "소풍 장소뿐만 아니라 작년에는 여자친구나 남자친구의 자녀도 초대해야 하는지를 논했다"고 말했다.

이 사안이 중요하지 않은 것은 아니다. 하지만 고위 관리팀이 그러한 문제까지 다룰 필요는 없다. 최고의 조직과 최고의 리더는 해당 업무가 팀의 성격에 맞는지, 필요할 경우에만 위원회가 결성되었는지 확인해야 한다.

많은 결정을 다양한 관점에서 살펴보는 것이 바람직하겠지만 다음과 같은 세 가지 질문은 반드시 던져봐야 한다.

이 문제가 '위원회를 결성할 만한 가치'가 있을까?
이 문제를 논의하는 것이 팀원의 시간을
가장 잘 활용하는 것일까?
이것이 누군가의 업무 영역에서 벗어나는 대단한 결정일까?

이 질문 중 한 가지에라도 '아니오'라고 답할 경우 다른 사람에게 이 업무를 위임할 수 있는지, 혹은 이것이 이미 다른 이의 업무가 아닌지를 생각해야 한다.

해결책 3
위원회를 가능한 한 작게 만들어라

아마존의 회장이자 창립자인 제프 베조스는 피자 두 판이 부족할 경우 그 팀은 지나치게 큰 것이라고 말한 적이 있다.[3] 위원회 역시 마찬가지다.

이와 관련된 경험적인 증거도 존재한다. 월스트리트지가 의뢰한 연구에 따르면, 적어도 특정 위원회의 경우 이 원칙이 적용된다. 바로 상장법인 이사회다.[4]

이사회는 독특한 특징을 지닌 위원회다. 이사회장이 존재하지만 회원들은 부하직원이 아니다. 회원들의 투표권은 동등하게 취급받는다. 상장 기업 이사회의 권한은 상당히 구체적이면서도 다른 한편으로는 광범위하며 한정적이지 않다. 규모 또한 다양하다. 평균 이사회는 10명에서 12명의 회원으로 구성되지만 더 크거나 작은 경우도 있다.

월스트리트 저널의 연구에서 조사한 대상은 아주 단순한 사안이었다. 이 연구에서 살펴본 질문은 '8명에서 10명의 이사 회원으로 구성된 작은 이사회가 존재하는 기업은 12명에서 14명의 이사 회원으로 이루어진 큰 이사회가 존재하는 기업과 차이가 있을까?'였다.

조사관들은 이 질문의 답을 찾기 위해 2011년부터 2014년 사이 시가총액이 100억 달러가 넘는 거의 400개 기업의 수익률을 살펴보았다. 그 결과는? 10개 산업 분야에서 이사 회원 수가 평균(9.5명)보다 적은 기업이 경쟁자보다 8.5퍼센트 더 나은 결과를 보였으며 이사 회원 수가 평균(14명)보다 많은 기업은 경쟁자보다 10.85퍼센트 더 낮은 실적을 냈다.

회원수가 적은 이사회의 경우, 이사회장이 개인적으로 의사 결정에 더 많이 관여할 수 있다. 하지만 회원수가 많은 이사회의 경우, 논의 대상을 한 번 이상 언급해야 하며 2차 혹은 3차 후속 질문으로 넘어가 깊은 토론을 하기가 쉽지 않다. 회원들은 자신의 의사를 표명하고 질문을 할 수 있지만 토론은 형식적으로 진행되기 쉽다. 반면, 회원수가 적은 이사회의 경우, 회원들 내에 상호적인 의사 교류가 이루어지며 특정 주제를 보다 깊이 토론하는 진정한 대화가 진행될 수 있다. 작다는 것은 '통제'를 의미하며 크다는 것은 불확실성을 의미한다.

회원을 한, 두 명만 추가해도 작고 효과적이며 민첩한 팀이 느릿하고 우유부단하며 별 관심 없는 감독자 집단으로 바뀔 수 있다. '딱 한 명'의 자원봉사자만 등장해도 아주 쉽고 자연스럽게 팀의 성격이 변할 수 있는 것이다. 위원회의 경우 '더 많은'은 '더 적은'을 의미한다. 따라서 정원이 차 있을 때는 추가 가입을 거절하는 것이 효율적인 기관 운영에 도움이 될 것이다.

OSS가 위원회를 가능한 한 크게 만들라고 권고하는 이유가 바로 이 때문이다. 그들은 큰 위원회가 본래 덜 효율적이며 기관의 생산성을 갉아먹을 거라는 사실을 알고 있었다. 따라서 위원회를 작고 민첩하게 유지해, 위원회가 방해공작의 온상이 되는 것을 막아야 한다.

해결책 4
중요한 위원회에 참여할 사람을 한정하라

위원회의 인원을 채우는 가장 흔한 방법은 자원봉사자에게 요청하는 것이다. 위원회에서 일하기 위해서는 보통 자신의 직업에 쏟는 노력 이외의 희생이 필요하기 때문이다. 따라서 누군가 자원을 할 경우 그 사람은 다른 업무를 책임질 수 있는 여유가 있다는 사실을 인정하는 셈이다. 이것은 위원회를 운영하는 가장 쉬운 방법이겠지만 최고의 방법은 아니다. 봉사자들은 업무를 수행하기에 가장 적합한 사람이 아닐 수 있기 때문이다.

비영리 단체에서 활용하고 있는 유용한 위원회 모델이 있다. 바로 '4W'로, 4W란 훌륭한 위원회 회원이 되기 위해 수행해야 하는 역할, Worker(업무 수행), Wisdom(지혜 제공), Wealth(자산 기여), Window-dressing(겉치레 활동)을 의미한다.

업무 수행자: 이 후보자는 특정한 결정을 내리기 위해 어떠한 조치가 필요한지를 잘 알고 있다. 이 사람은 이 조치를 취하는 데 관여할 것이며 업무를 수행하기 위해 자신의 시간과 노력을 제공할 것이다.

지혜 제공자: 이 후보자는 훌륭한 판단력으로 문제(과거에도 존재했거나 비슷한 문제)를 감지한다. 지혜는 패턴을 파악하고 다른 이들이 찾지 못하는 연결고리를 파악하는 능력, 즉 수년 간의 경험에서 비롯된 능력이다.

자산 기여자: 이 후보자는 필요한 자원을 지니고 있다. 여기서 자원이란 자금을 의미하지만은 않는다. 타이어 가게에서 일하는 사람이 위원회에 소속되어 있을 경우 고등학교 운동회 날 장애물 경기를 위해 필요한 대형 타이어를 마련하는 일이 훨씬 쉬워질 것이다. 콘서트 운영 장소를 물색하는 위원회의 경우

정기적으로 음악 공연을 하고 음향 장치를 잘 아는 사람이 위원회에 존재할 경우 도움을 받을 수 있다. 필요한 전문지식이나 영향력을 지닌 누군가와 연줄이 있는 사람 역시 훌륭한 자산이 될 수 있다.

겉치레용 활동자: 이 후보자는 위원회 외부에서의 직무 덕분에 도움이 된다. 예를 들어, 유치원 급식을 연구하는 위원회는 지역 대학의 영양학과장이 위원회에 존재할 경우 도움을 받을 수 있을 것이다.

RACI 절차를 따르며 회원을 채워갈 때에는 위와 같은 4W에 유의해야 한다. 팀을 담당(R)하는 역할을 맡은 업무 수행자가 충분한가? 겉치레로 참여하는 회원의 경우 팀에 소속시키기 보다는 자문(C)이나 공지(I)의 대상으로 생각해도 괜찮은가?

우리 주위에는 20명이나 30명, 혹은 그 이상으로 구성된 비영리 이사회가 많이 존재한다. 실질적인 업무를 수행하기에는 지나치게 큰 규모다. 이사회 회원들은 과거에 중요한 자산 기여자였거나 업무 수행자였을 수 있지만 한 동안 이사회에 기여한 바가 없을 수도 있다. 이 경우 우리는 이사회를 자문 이사회와 관리 혹은 집행 이사회로 나눌 것을 권유한다. 자문 이사회는 자문(C)을 하거나 공지(I)의 대상이 될 수 있지만 조직의 운영을 담당(R)할 팀이 될 필요는 없다. 해당 역할은 더 작은 규모의 집행 이사회나 관리 위원회에 맡기면 된다.

4W와 RACI는 위원회를 가장 효율적으로 운영하는 데 꼭 필요한 요소다.

자원봉사 기반의 위원회에서 벗어나 잘 설계되고 균형 잡힌 이사회를 구성하는 또 다른 방법은 위원회 구성을 두 단계로 나누는 것이다. 특정 역할을 염두 하지 않은 상태에서 자원봉사자나 후보자에게 위원회에 참여할 것을 물어 보아라. 그리고 RACI를 이용해 개인이 맡아야 하는 역할을 규정하라. 그런 다음 여러분이 생각하기에 해당 업무에 가장 적합하다고 생각하는 사람들로 이루어진 위원회를 구성하라. 마지막으로, 선택받지 못한 사람들에게 관심을 가져준 것은 고맙지만 봉사자가 충분하다고 말하라. 혹은 필요할 경우 다른 조직에서 일하면 어떻겠냐고 물어보거나 자문(C)이나 공지(I)와 관련된 역할을 맡게 하라. 단, 이들을 커뮤니티 자체의 업무를 담당(R)하는 회원으로 정해서는 안 된다.

해결책 5
확실한 결과물과 마감일을 설정하고
정기적인 서면 보고서를 요청하라

다수의 위원회가 '상설' 위원회다. 즉, 주기적으로 의견을 제공하고 결정 사항에 대한 선호도를 표명하는 영구적인 조직이다. 마을 학교 위원회는 매 달 만나 필요한 질문과 사안을 점검한다. 기업의 위기관리 위원회는 매 분기마다 소집되며, 이사회의 회계 감사 위원회는 외부 회계 감사관과 1년에 두 번 만난다.

하지만 대부분의 위원회는 특정 질문이나 주제를 다루기 위해 수립된다. 이러한 위원회는 자체 운영에 맡길 경우 확실한 결과물 없이 무한정 지속될 수 있다. 그들은 확실한 목적이나 일정 없이 회의만 진행할 뿐이다.

구체적인 목적을 지닌 위원회나 대책 위원회는 개인이나 조직의 시간과 에너지를 크게 소진시킬 수 있다. 우리 고객인 임원들은 하루 종일 이 회의, 저 회의에 불려 다닌다. 하지만 그러한 노력에 부응하는 실질적인 결과물이 도출되는 경우는 거의 없다.

정부는 이러한 사태를 예방하기 위해 '일몰' 조항을 만들었다. 이 규정은 위원회나 활동이 정해진 기간 내에만 지속될 것을 명시하고 있다. 그 시간이 지나면 조직은 적극적으로 재개되어야 한다. 그렇지 않을 경우 일몰처럼 존재가 희미해질 것이다.

하지만 사기업이나 비영리 조직에서 일몰 조항이 시행되는 경우는 드물다. 위원회, 대책 위원회, 프로젝트 등은 몇 주, 몇 달, 몇 년 동안 표류할 수 있다. 그들은 여전히 '운영 중'이라고 주장할 만큼은 진행되지만 확실한 결론을 내려 일을 마무리 짓기에는 역부족이다.

이 문제를 해결하는 방법은 간단하다. (여러분이 위원회를 창설했거나 위원회 회장일 경우) 마감 시한을 정하거나 (여러분이 위원회 회원일 경우) 마감 시한을 정해달라고 요청하라. 그리고 해당 마감일까지 준비해야 하는 확실한 결과물을 정하라. 만약 그러한 결과물을 정할 위치에 있지 않을 경우 적어도 이를 정해 달라고 요구하라. 마지막으로 지금껏 달성한 사항과 앞으로 해결할 사항을 담은 정기 보고서의 양식을 정하거나 그러한 보고서가 위원회의 활동과 기대에 영향을 미치도록 하라.

이는 단순한 방법처럼 보이지만 상당히 자주 간과되고 있다. 방해공작이 발생할 잠재력이 어마어마한 것이다. 이는 위원회가 잘못된 결과물을 내놓을 거라는 의미가 아니다. 회의가 진행되기만 할 뿐 결과물이 아예 도출되지 않을 거라는 얘기다. 이 경우 앞서 언급할 것처럼 진전 여부에 관계없이 그저 도넛만 제공되는 좋은 회의가 훌륭한 회의가 되고 말 것이다.

방해분자를 척결하는 가장 효과적인 방법

거의 아무 일도 진행되지 않는 상황에서 마치 그런 것처럼 보일 때 위원회는 치명적일 수 있다. 업무가 효과적으로 진행되고 있다고 보이는 위원회는 아무런 조치도 취하지 않으면서 실질적인 업무를 진행할 에너지를 앗아간다. 이러한 위원회는 해당 기관으로부터 에너지를 앗아가는 독특한 능력 때문에 강력한 방해공작을 저지를 확률이 높다.

따라서 위원회의 눈속임과 목적을 주시하는 것이 지루한 일처

럼 보일지라도(사실 우리는 스스로 결정을 내릴 시간이 없기 때문
에 위원회에 이를 위임하는 것이다) 별도의 노력을 기울일 필요가
있다. RACI와 4W 같은 기본적인 전략을 활용할 경우 방해분자가
없는 효과적인 조직을 운영하는 데 큰 도움이 될 것이다.

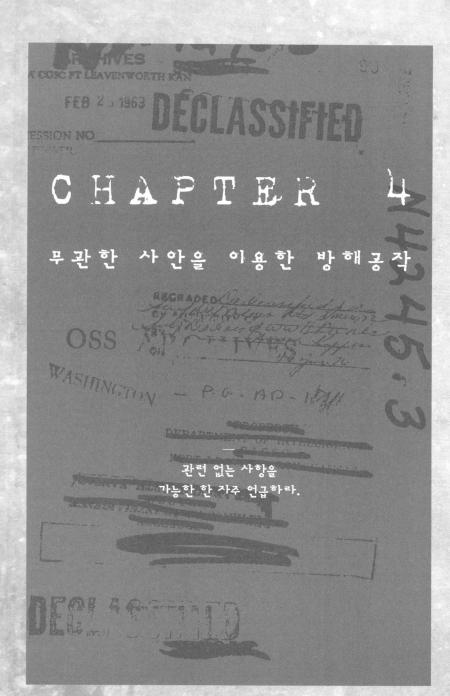

CHAPTER 4

무관한 사안을 이용한 방해공작

관련 없는 사항을
가능한 한 자주 언급하라.

—

　잡담을 하는 사람들은 일대일 대화에서든 회의 시간에서든 노골적으로 그들은 주제와 관련 없는 이야기를 무작위로 던지는 데 혈안이 되어 있다. 그들은 항상 "있잖아, 그 얘기 하니까 그 때가 생각나는데……"라며 말을 꺼낸다. 당연히 이들을 감지하기란 상당히 쉬우며 그들의 농담이 지나친 시간 낭비로 이어질 경우 그들을 저지시키는 것 역시 어렵지 않다.

　그들은 우리가 경계해야 할 방해자가 아니다. 사실 대부분의 경우 개인적인 이야기, 주제에서 벗어난 이야기, 여담 등은 바람직하다. 오랫동안 앉아 있을 경우 자리에서 일어나 스트레칭이 필요한 것처럼 이러한 이야기는 대화에 활력을 불어넣고 우리가 다른 이들과 일하고 싶게 만들며 강력한 팀을 구축하는 데 도움이 되는 개인적인 연결고리의 기반을 다져준다. 우리는 동료의 강아지에 관한 이야기를 듣기를 원하며 상사가 지난 여행 중 시카고에서 발견한 근사한 레스토랑에 대해 알고 싶어 한다. 더군다나 여러분이 그곳에 곧 갈 예정이라면 이는 틀림없이 우리의 관심 대상일 것이다. 물론 한시가 급한 회의 도중 이러한 잡담을 떠느라 20분을 낭비하고 싶지는 않겠지만 이 모든 이야기를 듣고 싶어 하는 것이 우리의 욕망이다. 게다가 누군가가 계속해서 이야기를 하려고 할 경우 우리는 "정말 듣고 싶기는 한데, 나중에 어때? 지금은 이것부터 처리하자고."라고 쉽게 상대를 저지할 수 있다.

무관한 사안을 언급함으로써 방해공작을 저지르는 사람은 완전히 다른 행동을 한다. 그들은 남을 속이는 데 있어 전문가다. 즉, 그들은 사람들로 하여금 자신이 무언가 다른 일을 하면서 해당 일을 하고 있다고 믿게 만든다(마술사조차 부러워해야 할 판이다). 방해공작을 저지르는 사람은 다른 이들로 하여금 자신이 하는 말이 관련 있으며 중요하다고 믿게 만들지만 사실 그들이 하는 말은 주제에서 벗어나 있고 중요하지 않으며 심지어 부적절하기까지 하다. 그들은 자신이 그렇게 행동하고 있다는 사실을 모르기 때문에 그들의 정직성과 진실성은 정당성을 입증해 주기까지 한다. 속임을 당하는 사람은 자신이 보거나 듣는다고 생각하는 것을 믿기 때문에 계속해서 순진하게 피해의 대상이 된다.

무관한 사안을 이용해 방해공작을 저지르는 사람은 시간을 낭비할 뿐만 아니라 다양한 방향으로 사람들을 이끌기 때문에 실질적인 피해를 입힌다. 이들은 각기 다른 우선순위와 문제, 절차를 제안한다. 사람들은 논의 사항을 이해하려고 노력하지만 공통되는 기반이 무엇이며 공통의 목표가 무엇인지 파악하기가 점점 더 어려워지면서 불필요한 긴장이 발생하고 사람들 간의 관계가 악화된다.

따라서 이러한 방해공작을 막는 방법을 파악해야 한다.

차시처럼

관계없는 사항을 통한 방해공작은 누군가가 현재 다뤄야 하는 문제와 과거에 발생한 문제를 비교하려고 하면서 시작된다. 그들은 "우리가 과거에 저지른 실수로부터 배우자"라든지 "다른 사람의 실수로부터 배우자"처럼 자신의 생각을 밝히기 위해 그럴지도 모른다. 하지만 보통 그러한 상황에서 사람들은 이것이 사과와 오렌지를 비교하는 것처럼 부적절한 비교인지를 살펴보지 않은 채 그러한 비교가 적절하다고 믿어 버린다.

예를 들어, 한 지역 고등학교 학부모회 회의에서 얼마나 많은 후원자가 졸업파티에 참석해야 하는지에 대해 논의하기 시작했다고 치자. 그 때 누군가가 "피어스 학교는 뒤풀이를 열었는데, 엉망진창이었다네요. 후원자들이 방 한쪽에 무리지어 있었는데 아무런 통제도 받지 않은 상태로 출구 2개로 빠져나갔다고 들었어요."라고 비교를 할 수 있다. 이 회의는 졸업파티에 대해 논하는 것이지 뒤풀이나 피어스 학교의 악명 높은 파티에 대해, 혹은 이 지역 고등학교통제 방식에 대해 논하는 자리가 아니었다.

이 방해자는 한 학교의 졸업파티를 졸업파티와 관련 있지만 완전히 다른 변수를 지닌 또 다른 사건과 비교함으로써 뒤풀이를 해야 하는지, 파티 자체를 열어야 하는지 같은 포괄적인 사안에 대한 논쟁에 불을 지폈다. 결국 회의는 주제에서 벗어나 완전히 실패로 끝나고 말았다.

비의도적인 방해분자가 관련 없는 사안을 꺼내는 또 다른 방법은 논란이 많은 문제를 제기하는 것이다. 이들은 큰 관심을 받을 만한 주제로 사람들의 이목을 끌어들일 경우 실패를 면할 거라고 확신하기 때문에 이러한 주제를 던진다. 예를 들어, 기업의 품질 보증 프로그램 연장에 관해 논하는 회의에서 누군가 "최근 고객 서비스에 관한 설문 조사 결과를 봤는데 지금 당장 논해야 하는 문제가 있습니다."라고 말했다고 치자. 이 회의는 일반적인 고객 서비스에 대해 토론하는 자리가 아니었지만 그 즉시 사람들은 고객 서비스 품질에 대해 논하기 시작한다. 하지만 고객 서비스에 대해 얘기할 준비가 되어 있는 사람은 아무도 없기 때문에 토론은 비생산적인 언쟁으로 바뀐다. 그러는 동안 품질 보증 프로그램 연장 문제는 사람들의 관심 밖으로 멀어지고 참석자들은 애초에 회의의 목적이 무엇이었는지조차 잊게 된다.

무관한 사안을 언급함으로써 방해공작을 저지르는 이들은 부차적인 문제에 대한 정보를 요구하기도 한다. 다음 사례를 살펴보자. 다섯 명의 자원봉사자가 국립 서비스 기관의 한 지사에서 진행될 시상식 만찬을 기획 중이다. 댄을 제외한 모든 사람들이 만찬의 주제를 선정하는 데 집중하고 있다. 하지만 댄의 머릿속은 그것보다 중요하다고 생각하는 사안으로 가득 차 있다. 그는 최근에 이웃 마을 컨퍼런스 센터의 매니저로 채용된 사위에게 도움이 되고 싶었다. 그래서 불쑥 "있잖아요, 만찬의 주제를 선정하는 것보다 대여 장소에 대해 더 생각해 봐야 할 것 같습니다."라고 말했다.

다른 자원봉사자들은 감탄하면서 "맞아요. 어디에서 만찬을 할지를 모르는 상태에서 어떻게 주제를 정할 수 있겠습니까? 장식과 음악, 음식에 관한 사항을 먼저 파악해야 하는 거 아닐까요?"라고 말했다.

문제는 댄이 자신이 원하는 것을 얻기 위해 지지자를 찾는 행위인 '포럼 쇼핑'을 하고 있다는 사실을 깨달은 사람이 아무도 없다는 사실이다. 이 상황에서 또 다른 비의도적인 방해자가 이차적인 문제를 언급할 경우(매리의 가장 친한 친구의 딸이 경쟁 장소에서 일한다고 치자) 대화의 원래 목적은 완전히 상실될 수 있다.

무관한 사항을 통한 방해공작 예방 및 척결하기

관련 없는 사안을 활용한 방해공작은 이를 저지하기 위한 단계를 차근히 밟지 않을 경우 해결하기가 상당히 어렵다. 대화가 한창 진행 중일 때에는 이러한 방해공작을 감지하기가 쉽지 않으며, 이를 파악한 뒤에는 너무 늦어버려 원래 주제로 다시 돌아올 수 없기 때문이다. 다음에서 제안하는 팁은 처음부터 이러한 방해공작을 예방하고 감지할 수 있고, 이미 발생했을 경우 이를 척결할 수 있다.

공통의 관심사와 목표를 명시하라

회의나 토론에서 공통으로 다루는 관심사와 목표를 확실히 명시하라. 이를 가장 중요한 사항으로 공지하라. 미국의 대법관이었던 올리버 홈스는 이렇게 말한 바 있다. "나는 복잡성 이전의 단순성에 대해서는 조금도 관심이 없지만, 복잡성을 넘어선 단순성을 위해서는 목숨이라도 내놓겠다."

여러분이 온라인 소매점의 고객 서비스 책임자라 치자. 여러분은 '고객의 경험에 변화를 주기 위한' 회의를 소집했다. 이 회의 참석자들은 고객의 경험을 바꿔야 하는 이유를 알고 있는가? 여러분이 생각하는 '변화'가 무엇을 의미하는지 알고 있는가? 참석자들은 회의가 시작되기 전에 이러한 사안에 대해 알고 있어야 한다. 그래야 생산적인 회의가 진행될 수 있다.

참석자들이 회의의 중점 사항과 목표를 모를 경우 별로 중요하지 않지만 자신이 보기에 유용하다고 느끼는 정보를 제공할 수 있다. 부서장은 다음과 같은 정보를 사전에 제공함으로써 회의의 방향을 보다 확실히 전달할 수 있을 것이다. "기존 방법은 비용을 계속해서 증가시키고 있습니다. 고품질의 고객 경험을 계속해서 유지하는 동시에 비용을 절감하기 위해 우리 부서에서 시행 중인 절차를 어떻게 바꿀 수 있을지 논해봅시다."

회의나 토론의 목적을 항상 명확히 언급할 수는 없다. 이 경우 회의나 토론의 초반에 공통의 관심사를 확실히 언급해야 한다. 프로젝트에 착수하거나 문제를 해결하기 위해 회의를 소집할 경우, 회의나 프로젝트, 문제의 목적과 중심 사안에 대해 합의를 보는 시간을 확보하는 것이 더욱 중요하다.

수백만 명의 환자를 확보하고 있는 코네티컷의 병원 시스템인 하트포드 헬스케어의 COO 제프리 플라크스는 이렇게 말했다. "누군가가 초기 단계에서 놀라울 정도로 단순한 방법으로 문제를 확실히 지적하는 마법과도 같은 순간이 있습니다. 한 구절, 심지어 한, 두 문장만으로 이를 전달하는 경우도 있죠. 사람들이 해당 문제에 대해 동일한 정의를 내릴 때 회의 참석자들은 이를 명백히 인정하게 됩니다."

이렇게 모두가 공유하는 맥락이 존재할 경우 누군가 핵심에서 멀어져 의도치 않게 방해공작을 저지르는 것을 훨씬 더 쉽게 감지할 수 있다.

조직의 행동이 미치는 영향을 파악하고 설명하라

누군가 조직의 결정이 자신이 속한 팀에 부정적인 영향을 미칠지에 관해 의문을 품거나 불평을 시작하게 되면 깨닫지 못하는 사이에 원래 주제와는 무관한 사안이 토론의 대상이 되고 만다.

따라서 회의를 시작하기 전에 조직의 활동이 미치는 영향을 확실히 파악해야 한다. 기록을 하고 단순한 표를 작성하거나 그래프를 그려라. 완벽한 구상을 하지 못했더라도 일단은 이 과정부터 시작해야 한다. 그럴 경우 누군가가 "저희 부서 사람들은요? 이 결정이 우리에게 어떠한 영향을 미치게 되죠?"라고 묻거나 "이 결정은 다른 팀의 계획을 망쳐버릴 거예요."라고 불평할 경우 이에 대해 답할 준비가 되어 있을 것이다.

예를 들어, 여러분이 스포츠 리그를 위한 마케팅과 홍보를 담당하고 있다고 치자. 오늘날의 관점에서 보면 수십 년 전에 결정된 팀 이름의 절반 정도가 지나치게 정치적으로 올바르지 못하고 느껴진다. 여러분은 올해 이 이름들을 바꾸지 않을 경우 이로 인한 반발 때문에 리그가 큰 피해를 입을 거라고 생각한다. 그래서 새로운 이름을 생각해 내고 리그 단장을 비롯한 상급 매니저로부터 승인을 받는다. 하지만 조직 전체에 새로운 이름을 공표하려는 순간, 몇몇 사람이 큰 목소리로 반대를 한다.

그들 중 한 명이 "매점에서 판매할 유니폼과 컵을 비롯한 기타 물품을 이미 주문한 걸요! 그걸 다 다시 제작하려면 돈이 얼마나 더 드는지 아세요?"라는 의문은 여러분이 해결해야 하는 적절한 문제 제기처럼 보인다.

하지만 만약 문제를 제기한 사람이 '옛 이름 때문에 불쾌한 사람들이 새로운 이름이 과거에 수입을 거둬들이던 부수적인 사업에 영향을 끼칠 것이라는 사실'을 고려했음을 알고 있다면 어떨까?

여러분이 주어진 상황을 명확히 파악하고 자신의 행위가 조직의 다른 부분에 미칠 영향을 정확히 이해하고 있다면, 문제 제기자는 무관한 사안을 이용해 방해공작을 하고 있다는 사실을 알게 될 것이다. 그렇다. 반대하는 사람의 의도는 바람직하다. 하지만 여러분은 그것이 지금 다루는 사안과는 무관하다는 사실을 깨닫게 될 것이며 "우리가 하는 일은 그것과는 관련이 없어. 그건 다른 회의에서 다룰 주제야."라고 말할 수 있다.

속도와 형식, 절차를 정하라

참석자가 일곱 명이 넘는 회의라면 회의 시작 전이나 초반에 대화의 기본 원칙을 정한 뒤 이를 점검해야 한다. 회의를 얼마나 오래 진행할 것인가? 각 사안 당 시간을 얼마나 할애할 것인가? 공식적인 회의인가 비공식적인 회의인가? 누가 말을 할 것인가? 잘 운영되는 조직의 경우, 이러한 질문에 대한 답을 회의실 벽에 붙여 놓고 회의를 시작한다.

이렇게 하지 않을 경우 회의는 잘못 계획된 자동차 여행으로 끝나고 만다. 북쪽으로 향하고는 있지만 어떤 이는 고속도로를 타고 있고 어떤 이는 먼 길로 돌아가는 꼴이다.

기본 원칙을 수립하는 것은 회의의 목적을 규정하는 것과는 다르다. 기본 원칙은 형식을 다룬다. 정기적으로 시행되는 수많은 회의에는 형식에 관한 무언의 규칙이 존재한다. 예를 들어, 구내식당 회의를 살펴보자. 이는 일부 기업에서 브레인스토밍을 하기 위해 활용하는 비공식적인 회의로 모두가 자신의 업무로 돌아가기 전에 해당 프로젝트에서 무엇을 수행했으며 무엇을 더 진행해야 하는지를 점검하는 빠른 회의다. 누구든 참석할 수 있고 상당히 효율적이며 옆길로 새는 것을 용납하지 않는다. 여러분이 속한 조직 내에는 이처럼 특정 유형의 회의에 관한 다양한 '규범'이 존재할 것이다. 새로운 사람은 이를 빠르게 습득하며(그들이 무언의 규칙을 어길 경우 모두의 따가운 눈총을 받게 된다) 무관한 사안으로 인한 방해공작이 발생하는 경우는 드물 것이다.

하지만 일반적인 업무 흐름에서 벗어난 회의의 경우 방해공작에 취약하다. 형식이 분명하지 않기 때문이다. 여러분의 의도는 일곱 개의 주제를 빠르게 살펴보는 것일 수 있지만 다른 사람들은 이 회의를 한 동안 못 본 동료와 얘기를 나눌 수 있는 기회로 생각할 수도 있다. 여러분은 한 가지 결정을 내린 뒤 다른 주제에 대한 의견을 나누고 싶겠지만 다른 이들은 다른 의사 결정도 내리고 싶어 할지도 모른다. 관련 없는 사안을 통한 방해공작은 애매모호한 상황을 잘 활용한다.

우선순위가 중요하며, 지침이 중요하다. 시간과 장소가 애매할 경우 주제에서 벗어난 행위가 발생할 여지가 있다. 따라서 시간과 장소를 명확히 하라.

진행 사항을 보여주는 표를 작성하라

한정된 기간 내에 복잡한 업무나 수많은 단계를 지닌 프로젝트를 완성하기 위해, 혹은 목표를 달성하기 위해 특정 그룹과 정기적으로 일을 할 경우, 수행 과제와 마감 날짜, 각 업무 분담에 관해 기록을 하는 편이 좋다. 진행 사항을 보여주는 이러한 일정표는 여러분이 한 단계에서 다음 단계로 순조롭게 이행하는 데 도움이 된다. 이는 이번 회의에서 다뤄야 할 사항과 다음 회의에서 다뤄야 할 사항을 분명히 보여주며 후퇴하거나 옆으로 새는 대신 계속해서 전진할 수 있도록 해준다. 또한 이러한 표를 작성할 경우 모든 참석자가 지금 당장 수행해야 하는 업무를 파악할 수 있기 때문에 무관한 사항을 통한 방해공작에도 덜 취약해진다.

특정한 목표나 마감 날짜를 지정해둔 조직의 경우 시간표를 작성하는 것이 합리적이다. 정확한 목표와 확실한 마감일, 특정일까지 완료해야 하는 주요 업무 목록을 기재한 프로젝트 계획표로 단순한 스프레드시트면 충분하다. 다시 한 번 말하지만 이는 순조로운 진행을 위한 단순한 메커니즘이자 누군가가 방해공작을 저지르려고 할 때 회의 참여자들이 들이밀 수 있는 증거이다. 누군가가 잠재적인 방해분자를 제거하고 싶을 때 시간표를 근거로 들 수 있는 것이다.

내용 심판을 두어라

사람들이 대화의 핵심에서 벗어나는 것을 예방하는 또 다른 유용한 방법은 매 회의마다 내용 심판을 두는 것이다. 이 심판은 누군가가 무관한 사안(잘못된 비교, 논란이 많은 주제, 지엽적인 문제 등)을 제기할 때 개입해서 모두가 동의한 공통의 주제로 대화를 다시 이끈다.

우리는 2장에서 밤샘 연설자를 비롯한 기타 방해분자를 막기 위해 시간 기록관을 두는 방법을 제안했다. 내용 심판은 비슷한 역할을 수행하지만 시간보다는 내용에 초점을 맞춘다. 시간 기록관과 내용 심판을 각각 둘 수 있을 만큼 큰 회의인 경우 이 둘의 역할을 분리하는 것이 가장 좋다. 그럴 경우 한 사람이 회의를 제대로 운영할 책임을 도맡아야 한다는 부담에서 벗어날 수 있다. ('나쁜 경찰'이 되는 것은 쉽지 않다!) 하지만 대부분의 중, 소규모의 회의에서는 한 사람이 이 두 가지 역할을 전부 맡아야 할 것이다.

내용 심판을 둘 경우 누구든 자신이 관련 있다고 생각한 사안을 제기할 수 있다는 허락을 받은 느낌을 준다. 모두가 참여할 수 있으며 거리낌 없이 의견을 제시해도 좋다는 인상을 주는 것이다. 우연히 관련 없는 사안을 제기할 경우 심판이 대화를 중재하면 된다. 심판이 개입한다고 해서 해당 주제가 중요하지 않다는 의미가 아니다. 특정 순간에 논의 중인 주제와 관련이 없을 뿐이다(이는 다음에 언급할 팁인 '주차장'과 관련 있다).

단, 한 가지 주의사항이 있다. 여러분이 속한 조직이 아주 작지 않은 한(다섯 명 이하), 상사를 내용 심판으로 정하지 마라. 회의에 큰 영향을 미치는 사람이 심판이 될 경우 다른 참석자들이 말하기를 꺼려할지도 모르기 때문이다.

'주차장'을 열어라

'주차장'은 무관한 사안을 향후 고려 대상으로 보관해 놓을 수 있는 곳으로, 내용 심판과 직접적인 관련이 있다. 이 팁은 '엉뚱한 사람에게 화풀이하는 행동'을 피하는 데 도움이 된다. 방해공작을 지적하는 사람이 책임을 모면할 수 있게 해주는 동시에 지엽적이거나 기타 무관한 사안을 제기하는 사람들이 발언권을 얻을 수 있는 유용한 공간을 제공해 주기 때문이다.

누군가가 관련 없는 사항을 제안할 경우 내용 심판관은 이를 주차장에 보관하면서 이렇게 얘기할 수 있다. "당신이 무슨 말을 하는지 알겠어요. 이 부분에 관해 할 말이 확실히 많은 것 같군요. 하지만 이 안건은 주차장에 주차한 뒤 회의를 마치기 전에 살펴보거나 다른 회의 시간에 다루도록 합니다. 이 사안은 다른 시간이나 장소, 조직에서 다뤄야 할 것 같습니다." 무관한 주제를 보관할 수 있는 주차장을 만들 경우, 의도하지 않은 파괴 분자는 채면을 잃지 않게 된다. 그들의 의견은 존중받는다. 더 적절한 시간과 장소로 보내진 것뿐이다.

하지만 내용 심판은 그들이 언제, 어디에서 자신들의 사안을 제기할 수 있을지를 결정할 때 신중해야 한다. 주차장에 너무 많은 것을 담거나 회의가 끝날 무렵 무관한 주제를 언급하도록 만드는 것을 피해야 한다. 해당 주제로 돌아오기 전까지 일부 사람들을 회의에서 배재하거나 회의가 끝난 후 일대일 대화를 통해 문제를 해결하는 편이 나을 수도 있다.

단, 무언가를 주차장에 넣을 경우 반드시 명심해야 하는 사항이 있다. 어떠한 식으로든 훗날 이를 반드시 다뤄야 한다. 한 번 '주차'한 뒤 무시당한 경험이 있는 사람은 분개할 수 있으며 훗날 정보가 있더라도 이를 공유하지 않으려 할 것이다. 이렇게 되면

'의도적인' 방해분자가 탄생할 수 있다.

'사과 대 오렌지'식의 비교를 주의하라

우리는 이번 장의 초반에 '사과 대 오렌지'식의 비교를 살펴보았다. 여기서 다시 한 번 이를 활용하겠다. 여러분이 "나는 이곳에서 가장 커!"라고 말했다고 치자. 아마 그럴지도 모른다. 하지만 이 정보가 과연 의미가 있을까? 여러분이 방 안에서 키가 가장 큰 일곱 살 아이로 로스앤젤레스 레이커스에서 뛰는 것이 목표인데 전문 농구경기의 법칙을 모르는 경우가 아닌 한, 특별한 의미가 별로 없을 것이다.

누군가가 '사과 대 사과'나 '사과 대 오렌지'식의 문제를 제기한 것이 아닌가를 파악하는 것은 관련 있는 문제를 다루고 있는지, 잠재적인 방해자를 마주친 것이 아닌지를 판별하는 데 있어 중요하다.

예를 들어, 기업이 직원을 고용하는 데 드는 비용을 생각해 보자. 한 글로벌 에너지 기업의 경우 직원 한 명을 고용하는 데 약 5만 달러가 소요된다고 한다. 그럭저럭 합리적으로 들리는 비용이다. 과연 그럴까?

5년 전과 비교해 이 숫자가 얼마나 합리적으로 들리는가? 만약 이 기업이 과거에 직원을 고용할 때 6만 5천 달러가 들었다면 이는 비용을 크게 절감한 것이다. 하지만 이 정보가 의미가 있을까? 아니면 이는 오렌지를 사과에 비교한 것일까? 이 기업은 과거에 국제무대에서 존재감이 없었다. 당시에는 인지도가 상당히 낮아 사람을 고용하는 것이 훨씬 더 어려웠다. 게다가 채용 전문가도 적었다. 이 모든 사안은 이 비교가 적절한지 그렇지 않은지에 영향을 미칠 것이다. 그게 다가 아니다. 이 기업과 규모나 국제적인 인지도가 비슷한 기업이 이 기업보다 훨씬 많은 혹은 적은 월급을 지불했다면 이는 또 어떠한 영향을 미쳤을까?

누군가 비교를 제안했는데 이 비교가 적절한지 확실치 않다면 대화를 중단한 뒤 물어보아라. 상황의 맥락과 비교 방법에 대해 모두의 의견이 동일한지를 빠르게 확인할 경우 업무를 수행하는 데 도움이 될 것이다. "이것이 우리가 논하는 것과 관련이 있나요?" "어떻게 그렇죠?"라는 직접적인 질문을 주저 없이 던져야 한다.

거울 속 사람은 누구인가?

다른 사람이 방해공작을 저지르는 것을 감지하는 것도 쉽지 않지만 자기 자신이 방해분자일 경우 이를 파악하는 것은 훨씬 더 어렵다.

거울 속 자신이 방해분자일 경우 무관한 사안을 활용한 방해공작을 감지하기란 거의 불가능하다. 이는 등 뒤에 종이를 붙이고 있는 것과도 같다. 절대로 읽을 수 없다. 고위 간부 회의를 마친 뒤 마케팅 부사장이 여러분의 등을 두드리며 "빌, 형편없는 회의였다네. 20초 동안만이라도 주제에 관해 얘기할 수는 없는 건가?"라고 말하지는 않을 것이다.[5] 그렇다면 여러분 자신이 방해분자라는 사실을 어떻게 알 수 있을까?

진실을 말하는 사람을 곁에 두면 된다. 중요한 순간에 직접적이고 사실적인 조언을 줄 수 있는 상담자가 필요하다. 이들이 조직 내에 속하는 경우는 드물다. 여러분에게 사실을 말하는 사람의 직위와 안위에 여러분이 큰 영향을 미쳐서는 안 되기 때문이다. 한 전문 서비스 기업에서 일하는 고위 간부의 경우 진실을 말해주는 사람이 본사 행정부 매니저였다. 그녀는 이 기업에서 오래 일했으며 퇴직을 앞두고 있었다. 그녀는 회사와 그 어떠한 제휴도 맺지 않았으며 대부분의 파트너가 미숙한 사원에서부터 높은 자리에 오르기까지 전 과정을 지켜보았다. 이 간부는 그녀에게 상담자가 되어달라고 요청하지 않았다. 그녀는 스스로 이 역할을 맡았으며 그의 경력에 있어 중요한 순간마다 핵심적이고 정직한 조언을 제공했다.

여러분의 상담자는 누가 될 수 있을까? 가족이나 직속 부하직원은 상담자가 될 수 없다. 반드시 외부 사람으로 해당 분야에 풍부한 경험이 있는 사람이어야 한다. 여러분이 보다 비공식적인 조직에 속해 있다면 곧 퇴직하는 사람 중 훌륭한 명성을 지닌 사람 혹은 과거에 여러분의 자리에서 일했지만 이제 더 이상 승진을 원치 않는 사람에게 도움을 청할 수 있다. 여러분이 큰 조직의 고위직에서 일할 경우 외부 자문가를 고용할 수도 있다. 그 사람에게 반드시 빈말이 아니라 솔직한 얘기를 해 달라고 요청해야 한다.

여러분의 상담자는 여러분이 참석하는 모든 회의에 참석하지는 않을 것이다. 하지만 여러분의 습관을 잘 알 것이다. 이들이 하는 얘기가 모두 마음에 들지는 않겠지만 우리는 그들의 말에 귀기울여야 한다. 이 방법은 개인 훈련관을 두는 것과도 같으며 섬유질을 섭취하는 것과도 같다. 과정은 마음에 들지 않을지 몰라도 결과는 무척 의미있다.

아무도 생각하지 못했던 사실

『손쉬운 방해공작: 실전 매뉴얼』을 집필한 OSS 팀원들은 취약한 부분을 파악하기 위해 한 층씩 공략해 나가는 등 조직의 업무를 분석하는 데 확실히 많은 시간을 할애했다. 그들은 조직 내에 침입해 조직을 감염시킬 수 있는 개인적인 약점을 파악하기 위해 거울을 들여다봤을지도 모른다. 단순한 여담 같은 순수한 행위가 조직에 방해가 될 거라고 누가 생각했겠는가?

그들이 파악한 방해공작 전략은 언뜻 보면 전부 무고해 보인다. 예를 들어, 대화에서 정확한 단어를 사용하려는 행위가 의도적이고 엄청난 방해공작에 이를 수 있을 만큼 짜증스러운 습관에서 기인한다고 누가 생각했겠는가? 하지만 다음 장에서 알 수 있듯이 이는 사실이다.

CHAPTER 5

실랑이를 통한 방해공작

대화 내용, 회의록, 결의안의
정확한 단어를 갖고
실랑이를 벌여라.

단순하지만 영향력 있는 책, 『손쉬운 방해공작: 실전 매뉴얼』을 집필할 때 저자들이 단어 선택을 두고 실랑이를 벌였을 확률은 낮다. 그들은 '커뮤니케이션'이라는 단어는 지나치게 모호하고 '메모'라는 단어가 더 나을 것 같다는 식의 토론을 하느라 시간을 낭비하지는 않았을 것이다. 그들에게는 방해공작 전략을 설명하는 단어를 선택하느라 책 출간을 미룰 만한 여유가 없었다. 그들은 눈앞의 전쟁에서 승리해야 했다. 낭비할 시간이 없었다.

하지만 그들은 적군이 단어를 두고 의도적으로 입씨름을 함으로써 시간을 한없이 낭비하기를 원했다. 그들은 작은 시간 낭비가 모여 어마어마한 시간과 에너지의 낭비로 이어질 수 있다는 사실을 알았다. 그로부터 70년 후 그들이 부추기는 방해공작으로 수많은 조직의 생산성이 크게 저해되고 있다.

메시지를 최대한 효율적으로 전달하려고 할 때 실랑이를 통한 방해공작을 저지르기 쉽다. 물론 각 단어를 세심하게 선택하는 것은 중요하다. 오늘날 같은 디지털 세상에서 살아남기 위해서는 동료와 고객, 기부자, 파트너, 분석가, 주주 등과 끊임없이, 빠르게 의사소통할 필요가 있다. 하지만 단어를 선택할 때 저지르는 작은 실수는 오해로 이어져 사람이나 조직에 순식간에 막대한 피해를 입힐 수 있다(매년 100조 개의 메일, 8.6조 개의 문자 메시지, 2천 억 개의 트위터 메시지가 생성된다. 이 정도 규모라면 사람들이 상대방이 선택한 단어의 의미를 잘못 파악할 확률이 상당히 높다).

사람들이 소셜 미디어, 메시지, 강령, 정책, 언론 보도, 회의록이나 결의안 같은 의사소통 수단에서 사용되는 단어를 두고 옥신각신할 때 그들은 상당히 분노하고 좌절하며 분개할 수 있으며 일정이 지연되는 상황이 발생할 수도 있다. '훌륭함의 반대가 완벽함이 되도록 하지 말라'는 속담이 딱 맞아떨어지는 상황이다.

에린의 경우를 살펴보자. 그녀는 동료들과의 회의에서 자신이 작성한 메모의 초안을 나눠주며 피드백을 요청했다. 그녀는 이 초안을 작성하느라 업무 시간의 상당 부분을 보냈으며 결과물에 상당히 만족스러웠다. 어쨌든 좋아서 한 일이었다. 교회 커뮤니티 회원들을 연례 자금 조달 경매 행사에 초청하는 메모로, 일부 경매 아이템을 비롯한 기타 활동을 강조하고 이 경매가 과거에 얼마나 중요했는지를 설명하며 자원 봉사자의 지원을 권유하는 내용이었다.

하지만 에린은 피드백을 받고 깜짝 놀랐다. 자신이 작성한 메모를 마음에 들어 하는 사람이 아무도 없었다. 회의 도중, '뿐만 아니라not only' 다음에 '~도but also'가 따라와야 하는지를 두고 놀라울 정도로 수많은 논쟁이 발생했다(에린이 왜 'also'가 와야 하는지 묻자 피드백을 제공한 사람은 '그게 문법상 맞으니까'라고 대답했다). 한 시간이 지나자 모두가 지치고 말았고 메모는 완전히 엉망진창이 되어버렸다.

사람들이 회의실을 나서면서 에린에게 자신의 피드백이 담긴 메모를 건네주었다. 가위표와 느낌표로 가득 차 있고 구석에 작게 주석이 달려 있었다. 모두가 기분이 상했고 회의는 최악으로 끝났다. 게다가 회장인 마크는 위원회에서 물러날 것처럼 보였다. 그는 이 회의가 자신을 한계까지 몰아붙였다고 투덜거렸다. 어쩌다가 이러한 일이 발생했을까? 발레리와 마크가 '앞으로'라는 단어로 실랑이를 벌였기 때문일까? '앞으로'나 '장차' 중 어떤 것이 더 나은 단어인지 누가 신경 쓴단 말인가? 둘 사이에 큰 차이가 있기는 한 것일까? 에린은 이 메모를 내일 전달했어야 했다. 아직 준비가 안 되었던 것일지도 모른다.

사람들의 의도는 좋았다. 하지만 이는 방해공작이었을까? 당연하다.

메모의 질을 향상시키기 위해 시작된 회의는 안 좋은 감정과 비생산적인 행동을 낳고 말았다. 이 회의에 참석했던 이들은 남은 하루를 불쾌하게 보낼 것이고 집중력 또한 떨어질 것이다. 그들이 에린과 메모에 대해 느낀 불만은 다음에 만나는 사람에 대한 불만으로 표출될 것이다. 그 사람이 메모와 아무런 관련이 없더라도 말이다. 그들은 스트레스를 받을 것이다. 에린은 일정에 뒤쳐졌기 때문에, 다른 이들은 시간을 낭비했기 때문에 짜증이 나고 패배감에 젖게 된다.

이제 다른 시나리오를 생각해보자. 에린은 모든 사람들에게 메모를 점검해 달라고 이메일을 보낸다. 그들은 개인적으로 이를 수정하고 피드백과 함께 그녀에게 다시 메일을 보낸다. 그녀는 수많은 피드백을 보고 압도당하지만 다양한 제안을 걸러 그 중 일부만 받아들인다. 시간이 걸리기는 하지만 그녀도 이 과정이 도움이 된다는 사실을 인정한다.

클레어는 문법상의 실수를 몇 개 발견했고 마크는 거만해 보이지 않도록 주의하라고 조언을 했다. 파올라는 마지막 문단에 상당히 재치 있는 표현 방식을 제안했으며 중요한 내용도 추가했다. (하지만 에린은 이를 선택하지 않기로 결정했다.) 수정된 메모는 조직의 노력 덕분에 개선되었다. 더욱 간단명료하고 설득력 있었다.

이 경우, 에린은 실랑이를 통한 방해공작의 피해자가 아니다. 그녀는 수정된 메모를 사람들에게 메일로 보냈다. 모두에게 감사를 표하며 그들의 제안 중 일부는 수용하고 일부는 받아들이지 않은 이유도 곁들였다. 그녀는 문서를 꼼꼼히 살펴봐달라고 요청했지만 이미 주요 수정 단계는 지났다는 점을 강조했다. 실수를 발견할 경우 즉시 말해줘야 하며 그렇지 않을 경우 이미 제출한 뒤가 될 거라고 말했다. 가장 중요한 것은 시간이었다.

두 명의 동료가 "괜찮아 보인다."며 이메일에 즉시 답했다. 다른 이들은 다음 날 아침까지 작은 실수들을 짚어주었고 그녀는 그 중 일부를 반영했다. 에린은 최종 결과물에 만족했으며 위원회 회원들에게 감사했다.

이 조직의 개인들은 두 시나리오에서 동일한 반응을 보였다. 하지만 전자의 경우 방해공작이 일어났고, 후자의 경우 에린이 다른 방식을 취한 덕분에 함정을 피할 수 있었다.

실랑이를 통한 방해분자 파악하기

실랑이를 벌이는 사람들은 꼭 필요한 가치 있는 서비스를 제공할 수 있다. 다른 사람들로 하여금 생각하게 만들고 더욱 강력한 단어나 개념을 고려하도록 부추기며 고품질의 제품을 생산하는 데 기여할 수도 있다. 심지어 난처한 상황이나 재앙이 발생할 상황을 막아주기도 한다. 그들은 제재를 가하지 않을 때에만 의도치 않은 방해자가 되며, 그들과 함께 일하는 사람들의 편집거리는 끝이 나지 않는다. 열정적인 노력이 될 수 있는 경험은 고통이 되고 일정은 지연되며 참석한 모든 사람을 비롯해 최종 제품을 기다리는 사람까지 지치고 분노하게 된다.

그렇기 때문에 이러한 방해분자를 사전에 파악하는 것이 상당히 중요하다. 이제 이러한 방해분자의 세 가지 주요 유형을 살펴보자.

검열관
가장 흔하고 열정적인 입씨름꾼은 검열관이다. 이들은 단어와 구, 전반적인 메시지, 어조 등 모든 것에 초점을 맞춘다.

이들은 자신의 영역을 표시하고 싶어 하는 자존감 있는 고양이처럼 문서(이메일 공지, 회의록, 보도 자료, 고객 제안서 등)에 표시를 하려는 욕구를 억누르지 못한다. 하지만 대부분의 경우 이들의 행동은 크게 문제가 되지 않는다. 팀원들이 전보다 높은 품질 기준을 수립하고 메시지의 품질을 점검하며 구조상 약점을 파악하는 데 기여할 경우 가치 있는 서비스를 제공할 수 있기 때문이다.

하지만 모두가 동의하지 않거나 다른 주제로 넘어갈 준비가 되어 있는데도 문서에 대한 자신의 주장을 포기하기를 거부할 때 이들은 방해자가 된다. 검열관은 이렇게 생각한다. "한 번 더 내 주장을 확실히 표명하면 누군가 한 명은 내 편을 들어줄지도 몰라. 그렇게 되면 모두가 내 방식대로 생각하게 되면서 분명히 수정이 이루어질거야."

(검열관은 문서 작성과 관련된 모든 결정에 반대할 때 의도적인 방해분자가 될 수 있다. 이 경우 그들은 사실상 할 수 있는 일이 없기 때문에 문서 자체를 공격한다.)

명문장가

명문장가는 명료성을 높이고 양식을 개선하기 위해 문서를 수정한다. 그들은 일반적으로 상당히 중요한 존재다. 예를 들어, 새와 비행기 간의 충돌 횟수를 줄이기 위한 프로그램에 관해 미국

연방항공국 웹사이트에 게시된 다음 문장을 살펴보자. "야생동물과 비행기 간의 충돌로 미국에서만 매년 3억의 비용이 소요되고 있다."

이 문장이 의미하는 바는 무엇일까? '야생동물'이라고 하지만 사실 그저 새를 의미하는 것이 아닐까? 여기서 말하는 비용은 자산에 끼치는 물리적인 피해만을 의미할까, 지연되거나 우회되는 비행 비용까지 포함하는 것일까? 명문장가는 이러한 오해의 소지를 파악해 확실한 문장을 제안한다. 사실 이 문장이 더 이상 웹사이트에 존재하지 않는 것을 봐서 누군가가 그렇게 한 것이 분명하다.

명문장가는 처음에는 순수한 의도로 한 두 문장을 바꾸도록 몇 가지 제안을 한다. "저는 그 구절에 사용된 단어가 정말로 마음에 들지 않습니다. X를 Y로, 혹은 A를 B로 바꾸면 어떨까요?" 하지만 모두가 다른 주제로 넘어가는 편이 더 생산적이라고 결정하고 한참이 지난 뒤에도 단어에 관한 질문을 지나치게 자주 할 경우 이들은 방해분자가 된다.

조직의 강령을 정하는 전형적인 회의를 생각해 보자. 회의 초반에는 사람들이 수많은 아이디어를 제안하면서 열기와 에너지가 넘친다. 하지만 명문장가가 등장해 "우리는 고객을 '접대serve'하나요, '응대responsive'하나요?" "이것은 '변형적인transformational' 건가요, '점진적인evolutionary' 건가요?"처럼 어려운 단어나 구절에 대한 지루한 토론을 이어가면 머지않아 이러한 열기는 식고 만다. 토론이 길어지면서 사람들은 더욱 불만스러워지고 문장을 다듬는 것이

가치 있는 일인지 의문을 품게 된다.

문법 감독

문법 감독은 모든 문장을 철저히 살펴보며 문법, 철자, 구두법에 관한 온갖 실수를 찾아낸다. 그들은 한 문장을 꼼꼼히 살펴본 뒤 다음 문장으로 넘어간다. 그들이 사용하는 렌즈는 대화의 내용과는 아무런 상관이 없다. 그들은 잘못된 문법이라고 생각되는 문장을 호되게 비판하는 데 초점을 맞춘다. 그들은 자신이 알고 있는 구문론과 언어 법칙을 바탕으로 모든 문장을 완벽하게 만들기 위해 노력한다. 그들은 문법상의 실수라고 여겨지는 것을 고치는 데서 그치지 않는다. 그들은 모두가 문법을 확실히 알고 넘어가도록 만든다.

문법 감독은 다음과 같이 말한다.

"첫 번째 문장에서는 쉼표가 필요해. 'and' 앞에는 반드시 쉼표를 써야해."

"세 번째 문단의 두 번째 문장에서 이중 부정을 사용했어."

"3페이지의 마지막 문단에서는 'my wife and I'가 아니라 'my wife and me'라고 써야해."

"3페이지, 두 번째 문단의 네 번째 문장에서 분리 부정사를 사용했어."

물론 효과적인 의사소통을 위해서는 문법과 구두법을 올바르게 사용해야 한다. 품질 교정은 반드시 필요하다. 문법 감독이 자신의 역할을 잘 알고 있고 실력이 뛰어나다면 글쓴이와 조직이 난처한 상황에 처하는 것을 막을 수 있다.

그렇다면 이들의 행동이 도를 지나쳐 방해공작이 되는 경우는 언제일까? 처음 두, 세 번의 편집 이후 긴 수정 목록이 뒤따를 것이 분명해질 때, 그들이 제안하는 내용이 문법과 구두법에 관한 것뿐일 때다. 문법 감독의 눈에는 모든 지적 사항의 경중이 동일해 보일 수 있겠지만 그들은 우선순위를 정하거나 해당 제안을 다른 회의에서 다루려는 노력을 하지 않는다. 하지만 모두가 수정 사항의 근거를 확실히 이해했는지는 확실히 짚고 넘어가려고 한다. 얼마 안 가 사람들의 눈은 게슴츠레해지고 회의실을 가득 채우던 에너지는 서서히 소멸된다.

검열관, 명문장가, 문법 감독은 우리 주위에서 쉽게 볼 수 있다. 사실 한 회의실 내에 이러한 방해자가 여럿 존재하는 경우도 흔하다. 우리는 명문장가 몇 명이 문서와 메모, 제안서의 모든 문장을 계속해서 다듬는 경우를 봐오지 않았는가?

새삼스러울 것 없다. 이 방해분자들을 부추기는 것은 바로 우리다.

실랑이를 통한 방해공작을 부추기지 말라

'실랑이를 통한 방해공작'을 부추기는 사람은 대개 피드백을 원하는 이들이다. 그들은 잘못된 질문을 하거나 확실한 마무리 방법을 제공하지 못하는 경향이 있다.

잘못된 질문

매니저는 "여기에 대한 피드백이 있습니까?"라는 단순한 질문을 함으로써 지나치게 자주 피드백을 요청한다. 이 질문은 간결하고 듣기 좋아 보이지만 특히 '실랑이를 통한 방해분자'로 하여금 일반적이고 목적이 불분명한 제안을 하게 만든다. 이들이 구체적인 제안을 하는 경우도 있지만 해당 회의에서 가장 중요하게 다루는 사안은 아니다.

한 소비재 기업의 마케팅 부서장인 모라의 경우를 살펴보자. 그녀는 신제품 마케팅 캠페인의 일환으로 고객에게 보낼 이메일에 관한 의견을 원했다. 그래서 한 회의에서 아무 생각 없이 "고객에게 보낸 신제품 출시 이메일의 초안에 대해 피드백이 있습니까?"라고 물어보았다. 한 무리의 늑대에게 먹음직스러운 고기 한 덩어리를 던져준 셈이었다. 다양한 관점의 피드백이 빠르게 전달되었다.

문법 감독인 존은 "동사의 시제 여러 개가 뒤죽박죽 쓰였습니다. 하나만 골라서 사용하도록 하세요."라고 말했다.

명문장가인 배리는 5개의 수정사항을 제안했다. 전부 문장의 순서를 바꾸라는 식의 내용이었다.

검열관인 질은 보다 실질적인 단어 교체를 제안했지만 모라는 그럴 경우 문장의 의미가 바뀐다며 이를 전부 거절했다. 20분후, 질은 자신의 생각을 끈질기게 주장했고 모라는 다음으로 넘어가자고 질을 설득해야 했다. 그녀는 "질, 우리는 지금 이메일에 대해 얘기하고 있는 것이지 아이디어에 대해 얘기하고 있는 게 아닙니다."라고 말했고 질은 화가 났지만 결국 물러섰다.

하지만 다른 사람들은 쉽게 설득당하지 않았다. 60분이 지난후, 온갖 피드백에 둘러싸여 지친 모라는 마케팅 캠페인에 관해 자신의 팀에서 원한 피드백(고객의 20퍼센트가 신제품을 사용해볼 만큼 솔깃한 이메일인지 여부)은 전혀 받지 못했다는 사실을 깨달은 상태로 회의를 마쳤다. "여러분이 고객이라고 생각해 보세요. 이 이메일을 보고 신제품을 사용해 봐야겠다는 생각이 드나요? 그렇지 않을 경우 구체적으로 어떠한 부분을 수정하면 그 확률이 높아질까요?"라는 식으로 목표가 확실한 질문을 했더라면 결과가 달라지지 않았을까?

확실한 마무리 방법 부재

피드백 과정에서 의견이 일치하지 않을 경우 이를 마무리 짓는 확실한 방법이 필요하다. 의사소통에 관한 피드백은 보통 두가지로 분류된다. 회의에 참석한 대부분의 사람이나 모든 사람의 의견, 그리고 동의하지 않는 사람들의 의견이다. 첫 번째 피드백은 해결하기 쉽다. 합의에 이르는 것이 용이하기 때문이다. 반면, 두 번째 피드백의 경우 지겨운 토론이 이어진다. 입씨름이 계속될수록 합의에 도달하는 것이 불가능하다는 사실이 명확해지며 회의 참가자들의 불만은 증폭된다. 최종 결정을 내리는 방법(해결책 메커니즘)에 대한 확실한 동의가 없는 상황에서 회의실 내의 긴장감은 더욱 고조된다.

대형 투자 회사의 전략 책임자인 블레이크의 사례를 살펴보자. 그는 기업의 최근 전략 지도에 대해 결론지어야 한다. 이 지도는 향후 3년 간 조직의 미션과 비전, 핵심 전략 과제를 담은 한 페이지짜리 시각 자료다.

블레이크와 팀원들은 전략을 짜기 위해 여러 차례 회의를 가졌으며 30명의 임원과 기타 주주들로부터 의견을 받았다. 그리고 이사회 일주일 전에 최종적으로, 그는 사람들 앞에서 이들의 의견이 자신과 같다는 사실을 확인할 필요가 있었다. 그는 "이 지도에서 수정을 해야 할 부분이 있을까요?"라고 물었다.

몇몇 사람이 손을 든다. 블레이크는 그들이 제안하는 수정사항을 꼼꼼하게 살펴본다. 비교적 사소하거나 비슷비슷한 의견이 많다. 하지만 기존 사항과 충돌하는 의견도 있다. 명문장가와 옹호자가 대거 등장하고 블레이크가 아무리 노력해도 그들의 동의를 얻어낼 수가 없다.

시간은 흐르고 압박은 증가한다. 블레이크는 곤경에 처해 있다. 그들은 왜 이렇게 열정적으로 토론하는 것일까? 그는 의아했다. 그는 이전에 진행된 회의에서 피드백을 제공할 기회를 충분히 주었다고 생각했는데 그렇지 않은 게 분명하다. 이사회에 참석하기 전에 합의에 도달하기 위해 그가 할 수 있는 일은 무엇일까? 그것이 가능하기나 할까?

물론 블레이크는 이사회 회의가 있기 훨씬 전에 이 회의를 소집했어야 했다. 또한 팀원들이 초기 피드백을 얻기 위해 왜 충분한 노력을 기울이지 않았던 것인지도 의문이다. 하지만 진짜 문제는 토론을 종결짓기 위한 확실한 방법이 정립되지 않았다는 사실이다. 교착 상태에 빠진 것처럼 보일 때 누가 결정을 내려야 할까? CEO? 블레이크? 혹은 다수의 원칙에 따라 투표를 진행해야 할까? 끝날 기미가 보이지 않는 입씨름이 계속되며 이를 해결할 명확한 절차가 부재한 상황에서 블레이크나 팀원들은 이에 대한 어떠한 확실한 답도 제공할 수 없었다.

실랑이를 통한 방해공작 예방하기

직장 내에서 입씨름을 통한 방해분자를 목격하면 이들의 끊임없는 재잘거림으로 불만과 분개가 폭주하기 전에 이들의 행동을 막는 것이 중요하다. 이러한 불만과 분개는 최악의 경우 여러분을 향해 표출될 수 있다. 이는 여러분이 블레이크처럼 초안을 작성한 뒤 회의를 통해 피드백을 얻거나 최종 결론을 지으려는 사람일 경우 더욱 그러하다(처음부터 입씨름이 파괴적인 영향을 미치도록 내버려둔 사람이 여러분 자신일지라도 말이다). 이제 실랑이를 통한 방해공작을 막을 수 있는 두 가지 방법을 살펴보자.

기준을 높여라

유용한 피드백을 제공하려는 누군가의 의도가 지나쳐 방해공작이 되는 것을 목격하는 순간, 대화를 중단하고 그들이 제공하려는 피드백의 핵심 사항(피드백을 받은 이가 이 단계에서 정말로 심각하게 받아들일 만한 중요한 몇 가지 사안)이 무엇인지 물어보아라.

소매 체인점의 HR 부서장인 젠은 새로운 기업 정책을 승인하는 회의에서 의견 다툼 때문에 회의실 내의 에너지가 소진되기 시작하자 회의 참가자들에게 이렇게 말했다.

"저는 여러분의 피드백을 정말로 감사하게 생각합니다. 하지만 이 문서가 이러한 점검의 대상이 될 준비가 되어 있는지 확실치 않군요. 유감스럽지만 이쯤에서 회의를 마치고 여러분 각자에게 피드백의 핵심 사항 세, 네 가지를 작성해 달라고 요청하려고 합니다. 각 페이지에 여러분의 이름을 쓴 뒤에 저에게 제출해 주세요. '핵심' 사항이라 함은 이것이 누락될 경우 훗날 후회할 수 있는 부분입니다. 여기서 잠재적인 '지뢰'가 될 수 있는 사항이 무엇일까요?”

그로부터 15분 후, 젠은 참가자들로부터 각자 한 페이지씩 총
여덟 페이지의 피드백을 받았다. '꼭 필요한' 수정사항을 담은 상
당히 중요한 피드백이었다. 그 후 3일 동안 젠은 이들의 제안을
점검했다. 일부를 문서에 반영했고 추가 질문을 했으며 상충하는
피드백을 받은 부분을 파악한 뒤 반영하지 않은 부분에 대해서는
개별적으로 설명을 해주었다.

대화를 재구성하라

입씨름을 통한 방해공작을 해결하는 또 다른 방법은 대화를
재구성하는 것이다. 이를 위해서는 여러분이 요청하는 피드백의
초점을 더욱 분명히 하면 된다. 이러한 식으로 대화를 다시 구성
하는 것은 꼭 필요한 분야에서 다른 사람들로부터 피드백을 얻을
때 상당히 효율적인 방법이다.

사립학교 개발 부장인 브라이언은 학교 개발 위원회 회원들
로부터 피드백을 원했다. 대상은 학교 커뮤니티에 보낼 최신 자
금 캠페인의 개요를 서술하는 편지의 초안이었다. 이 편지는 향후
3년 동안 다양한 시설 개선을 위해 필요한 5백만 달러 기금 모집
캠페인에 착수하기 위한 것으로, 5백만 달러는 이 학교에서 지난
백 년 동안 모은 기금을 훨씬 초과하는 액수였다. 이 캠페인에서
는 전화와 소셜 미디어 등을 통해 수많은 행사 역시 진행할 예정

이었다. 브라이언의 팀은 캠페인 진행을 위해 그 동안 수많은 시간을 할애했으며 이제 나머지 부분은 이 편지에 달려 있었다.

브라이언은 위원회와 함께 편지를 점검하기 시작했고 얼마 안 가 의견 충돌이 발생했다. 한 회원은 첫 문단의 시작 문장에서 사용된 단어에 불만을 표시했다. 다른 회원은 이 의견에 반대했고 또 다른 회원은 마지막 문장이 좀 더 강력해야 한다고 주장했다. 이런 식으로 30분이 흘렀다. 브라이언은 방 안의 긴장이 고조되는 것을 느꼈다. 그래서 이들로부터 필요한 피드백을 얻는 쪽으로 대화를 재구성하기로 결정해 이렇게 말했다.

"지금까지의 피드백은 정말 최악이네요. 남은 30분 동안, 편지의 전반적인 어조에 대한 여러분의 의견을 들어보겠습니다. 이는 캠페인의 전체적인 어조에도 영향을 미칠 것입니다. 지나치게 공격적인가요? 그 반대인가요? 적당한가요? 이는 학교 입장에서 상당히 큰 액수의 모금입니다. 저희는 이정도 규모의 모금 행사를 진행한 적이 한 번도 없어요. 따라서 이 특정 부분에 관한 여러분의 피드백이 정말로 중요합니다."

그의 말이 끝나자마자 대화의 초점이 명확해졌고 브라이언은 자신이 원하는 피드백을 받기 시작했다. 그는 자신의 팀이 편지에서 사용할 구체적인 단어를 선택할 수 있다는 사실을 알았다. 이는 어쨌든 그의 결정이었다. 하지만 그는 자신의 팀이 얼마나 공격적이기를 원하는지 위원회 회원들의 의견을 듣고 싶었다. 그는 이 질문을 처음부터 했어야 했다는 사실을 깨달았지만 적어도 막판에는 자신이 원하는 방향으로 회의를 이끌 수 있었다.

실랑이 피하기

실랑이를 통한 방해공작을 최소화하기 위해서는 여러분이 필요한 피드백에 특히 초점을 맞춘 상태에서 의사소통 수단을 개발하는 방법을 세심하게 가다듬는 데 시간을 할애할 필요가 있다. 이 과정을 소홀하게 생각하면 안 된다. 청중과 핵심 메시지, 구조를 잘 고려해 상당히 집약적으로 자료를 작성하는, 능력 있는 매니저가 핵심 인물로부터 피드백을 받는 과정을 그저 추가 업무로만 생각하는 경우가 있다.

다른 이들로부터 의견을 제공받고 실질적인 쟁점을 생산적으로 논의하는 장을 마련할 때 효율적인 의사소통이 이루어진다. 하지만 올바른 방법 없이는 입씨름을 통한 방해분자들이 활약할 가능성이 높아진다. 이들의 활약을 막기 위해서는 피드백을 제공하는 방식을 세심하게 수립하고 토론의 장을 구축하는 것이 중요하다. 이를 위해 여러분이 준수해야 할 몇 가지 단계가 있다.

물론 모든 의사소통이 동일하게 진행되는 것은 아니다. 네 명의 사람이 검토해야 하는 경우도 있고 광범위한 직원들의 참여가 필요한 경우도 있으며 법률팀의 조언이 필요한 경우도 있다. 필요에 따라 다음의 단계들을 융통성 있게 활용하면 된다.

계획을 세워라

보도 자료든, 중요한 고객 서신이든 의사소통 수단을 작성하기에 앞서 계획을 세울 시간을 가져라. 이 계획서에 해당 의사소통 수단을 개발하고 점검하며 승인하는 데 사용할 절차를 확실히 명시하라. 주요 단계는 무엇인가? 누가 참여해야 하는가? 각자의 역할과 책임은 무엇인가? 해당 자료를 검토하기 위해 어떠한 장이 마련될 것인가? 일정은 어떠한가?

초기 단계에 이 계획표를 이해당사자들과 공유해 그들이 질문을 하거나 수정 사항을 제안할 수 있도록 하라. 이 계획서는 복잡할 필요가 없으며 다른 사람들이 절차를 이해하고 필요할 경우 의견을 제시할 수 있어야 한다.

참여 대상을 고려하라

의사소통 수단을 개발할 경우 누가, 언제 관여해야 하는지를 곰곰이 생각하라. 큰 조직으로부터 피드백이 필요한 경우도 있고 소수의 참여만 필요한 경우도 있다. 의사소통 수단 개발 초기 단계에서는 여러분이 필요한 피드백이 수많은 개념과 창의적인 사고방식을 요할 수 있다. 여러분의 목표가 최대한 많은 의견을 수렴하는 것이라면 열 명에서 스무 명에 이르는 큰 조직을 참여시키는 것이 바람직하다. 예를 들어, 최근 자사의 웹사이트를 개편하려는 노력에 착수한 보험 회사 마케팅 부서장은 20명의 직원으로부터 하루 종일 피드백과 아이디어를 수렴했다. 웹사이트의 타켓 방문자와 핵심 메시지, 구조, 내용 등에 관해 광범위한 의견을 받기 위해 원탁회의와 소그룹 회의를 진행했으며, 그 결과 의사 결정이 이루어지지는 않았지만 수많은 아이디어가 탄생했다.

여러분이 여기에서 더 나아가 메모, 제안서, 심지어 웹사이트의 초안에 관한 피드백을 원할 경우, 여섯 명에서 열두 명 정도의 비교적 작은 그룹으로부터 의견을 듣는 것이 좋다. 종종 회의실이 지나치게 많은 사람들로 가득 차 있는 경우가 있는데, 이는 비생산적인 결과를 낳을 수 있다. 모든 팀원이 아니라 주요 이해당사자만을 회의에 참석시켜라.

한편, 의사소통 수단에 관한 결정이 필요한 시점에 도달했을 때에는 핵심 의사 결정자들만 회의에 참석시키는 것이 가장 바람직하다. 의사 결정을 내리는 일은 마지막 단계뿐만 아니라 여러 단계에서 행해질 수 있다는 점을 명심하라. 경험에 따르면, 회의 참석자 수와 결정을 내리는 능력 간에는 반비례 관계가 성립한다. 따라서 결정을 내려야 할 경우 세 명에서 여섯 명 정도의 인원만 참석시키도록 하라.

원하는 피드백을 구체적으로 밝혀라
모라의 경우에서 살펴봤듯, "피드백 사항이 있나요?"라는 단순한 질문만으로도 수많은 의견을 제공받을 수 있다. 하지만 이 경우 자신이 원하는 피드백을 받는다는 보장은 없다. 게다가 검열관, 문법 감독, 명문장가 같은 방해분자들을 끌어들여 소중한 시간을 낭비할 수 있다. 따라서 한계를 설정해야 한다. 자신이 원하는 피드백뿐만 아니라 원하지 않는 피드백 역시 구체적으로 밝혀라. 의사소통의 특정 부분에 관해 의견을 원할 경우 이를 요청하라. 그리고 다른 부분에 있어서는 피드백을 원치 않을 경우 이를 논의 대상에서 제외하거나 다른 기회에 의견을 들을 수 있는 방법을 찾아라.

피드백이 필요한 자료를 사전에 배포하라

대부분의 사람들은 피드백을 제공하는 회의에서 처음으로 관련 문서를 건네받고 몇 분 동안 이를 살펴본 뒤 생각을 요청받는다. 이는 두 가지 문제를 야기한다. 첫째, 피드백의 질이 낮아질 수 있다. 사람들이 해당 문서에 관해 생각할 시간이 충분하지 않기 때문이다. 둘째, 사람들이 회의 도중에 제공했어야 했던 중요한 피드백을 회의가 끝난 후에야 깨닫게 될 확률이 높다. 그 결과, 그들은 피드백을 제공해야 하는 적당한 시점이 언제인지를 고려하지 않은 채 다음 기회에 이를 제공하게 된다.

이를 예방하기 위해서는 메모나 정책, 제안서의 초안을 마감 날짜로부터 한참 전에 배포해야 한다.

여러분이 배포한 자료를 바탕으로 회의가 진행될 예정이라면, 회의 참가자들에게 자료를 건네주면서 사전에 자료를 읽어와 '회의 시간에 자료를 살피는 대신 의견을 제공할 수 있을 거라고' 생각한다는 노트를 남겨라. 이때에는 자료를 읽는 동안 고려해야 하는 사항과 피드백을 제공하는 방법에 관한 구체적인 설명도 곁들여라.

비교적 간단한 설명이면 된다. 예를 들어, 우리 고객 중 한 명은 최근 중요한 검토 회의가 있기 한 주 전에 전략 문서를 배포했다. 그는 회의 참가자들에게 한 가지 중요한 질문을 생각해 볼 것을 요청했다. "다음과 같은 전략을 시행할 경우 3년 안에 사업 규모를 두 배로 늘리겠다는 목표를 달성할 수 있을 거라고 생각합니까? 이와 관련된 어떠한 질문이나 우려 사항도 회의에서 논할 수 있도록 준비해 오세요."

이사회에 배포할 메모에 관한 철저하고 꼼꼼한 검토를 원하던 다른 고객은 다섯 명의 직원에게 초안을 배포한 뒤 어조, 양식, 문법 관련 수정 사항을 이메일로 보내달라고 요청했다. 그녀는 3일이라는 검토 시간을 주었으며 마감 하루 전에 이를 상기시키는 메일을 보냈다.

이 두 경우 모두, 참가자들이 사전에 자료를 받아 이에 응답할 시간이 충분했기 때문에 피드백과 (회의의 경우) 토론의 질이 상당히 향상되었으며 방해자의 활동을 막을 수 있었다.

신뢰할 만한 검토자를 찾아라

많은 사람들에게 자료를 보여주기 전에 이를 검토할 수 있는 신뢰할 만한 사람 몇 명을 확보하라. 해당 자료를 교정할 수 있는 사람으로, 여러분이 난처한 상황에 처하는 것을 막아주고 문법 감독을 저지할 수 있어야 한다. 그들의 가장 중요한 임무는 전체나 일부 자료가 목표에서 벗어난 것은 아닌지에 관해 청중의 입장에서 솔직한 피드백을 제공하는 것이다.

최종 결정자를 확실히 정하라

궁극적으로 무엇을 배포하고 발표하며 전달할지를 결정할 사람을 확실히 정하라. 신문사에는 각 부서를 책임지는 편집자와 일면 편집자, 논평 페이지 편집자, 편집장이 존재한다. 최종 책임자를 확실히 정하기 위해서다. 이렇게 최종 결정자가 명확할 경우 끊임없는 입씨름을 피할 수 있다. 논쟁이 발생하고 다양한 관점이 제기될 수 있지만 결국은 한 명이 승인을 해야 하며 모두가 그 사람이 누구인지를 알아야 한다.

유비무환

우리 고객 중 한 명은 이렇게 말했다. "우리는 모두 매슬로의 욕구단계(자아실현, 존중, 사랑/소속감, 안전, 생리)를 배운다. 하지만 아무도 숨겨진 단계인 여섯 번째 단계에 대해 말하지 않는다. 바로 다른 사람의 글을 편집하고자 하는 욕구다." 의사소통 수단에 관해 옥신각신하는 것은 자연스러운 현상이다. 인간은 어쩔 수 없이 그렇게 작동한다. 안타깝게도 우리는 지나치게 논쟁하도록 설계되어 있다. 실랑이를 통한 방해공작을 목격할 경우 이 방해자들이 분노와 불안감을 조성하기 전에 이들의 행동을 막아야 한다. 물론 애초부터 이러한 일이 발생하는 것을 미연에 방지하는 것이 더 바람직하다.

CHAPTER 6

결정 번복을 통한 방해공작

지난 번 회의에서 결정된 사안으로 돌아가
해당 결정의 타당성에
의문을 제기하라.

　누군가가 결정을 번복하려고 할 경우 여러분은 그들이 방해 공작을 펼치고 있다고 생각하지는 않을 것이다. 그보다는 "정말로? 이 결정을 재고하고 싶다고? 이미 끝난 문제라고 생각했는데. 내 눈에 흙이 들어가도 이 과정을 되풀이할 생각은 추호도 없어!"라고 불만을 표출할 확률이 높다. 하지만 이렇게 말한 후에는 "좋아, 들어보도록 하지. 중요할 수 있으니까"라며 상대의 의견을 받아들이게 된다.

　문제는 대부분의 경우 이러한 대화가 진행된 뒤에는 결국 결정을 번복하게 된다는 사실이다. 그리고 결정을 번복하는 이유는 당시에 생각했던 것만큼 합리적이지 않은 경우가 상당히 많다. (그들의) 열정, (여러분의) 자신감 부족, (모두의) 시간 압박 때문에 판단력이 흐려지기 때문이다. 결정을 번복할 경우 (그리고 지나치게 자주 그럴 경우) 여러분이 겪게 될 방해공작은 장·단기적인 결과를 가져올 것이다. 결정 번복를 통한 방해공작이 OSS 매뉴얼의 최종 명단에 포함된 이유가 바로 그 때문일 것이다. '지금 피해를 입히고 나중에는 더욱 큰 피해를 입히는' 전략이 가져오는 결과는 상당히 크다.

결정 번복를 통한 방해공작의 영향

결정 번복는 즉각적인 분노와 혼란을 야기할 수 있다. 예를 들어, 해당 결정을 내리거나 내리는 데 관여한 사람과 상의하지 않은 채 결정을 다시 내릴 경우 그들은 자신도 모르는 사이에 자신의 결정이 무효가 되었다는 사실에 언짢아 할 것이다. 그들은 상당히 고의적이고 직접적인 행동으로 새로운 결정의 진행을 방해할 것이다.

게다가 처음의 결정과 전략을 바탕으로 행동하던 사람은 이제 다른 방향으로 진행하게 되면서 시간을 낭비하고 초점을 잃게 될 수 있다. 처음 결정에 따라 무언가를 하도록 지시받은 사람 역시 이제는 하던 일을 중지해야 하며 심지어 일부 업무를 철회해야 할 수도 있다. 이미 주문을 했거나 고객이나 판매자에게 연락을 취했거나 다른 계획을 실행해 옮겼을 수도 있다. 어떻게 이 상황을 말끔하게 다시 처리할 수 있을까? 결코 쉬운 일이 아니다. 미흡한 부분이 발생해 걷잡을 수 없이 증가할 수 있다.

결정을 번복하는 것은 상황을 마비시킬 수도 있다. 처음 결정에 따라 진행하기로 한 모든 활동(내리기로 한 다른 결정, 논의하기로 한 다른 사안들)은 결정을 재고하는 동안 잠시 중단되어야 한다. '오늘' 당장 결정해야 하는 사안이 있는 사람들은 어떡해야 한단 말인가? 누군가가 "이 문제는 다시 생각해 봐야 할 것 같아."라고 말할 경우 모든 것이 어긋나게 된다.

집을 짓는다고 생각해 보자. 공사가 이미 한창 진행 중이다. 배관 업무는 완료되었고 전기 공사는 개략적으로 끝났다. 도급업자는 여러분에게 앞으로 이틀 동안 부엌 공사를 할 거라고 말한다. 이틀 후 여러분의 파트너는 부엌과 이층을 연결하는 계단이 싱크대의 다른 쪽에 위치하는 게 더 좋을 것 같다고 말한다. 여러분은 도급업자에게 계단의 위치를 재고해야 할 것 같다며 결정을 내린 뒤 다시 말해주겠다고 한다.

도급업자는 좌절한다. 그는 여러분과 여러분의 파트너가 최종 결정을 내릴 때까지 부엌 공사를 중단해야 한다. 그는 계단 자재를 공급할 판매자에게도 이 사실을 알려야 한다. 계단의 위치를 바꿀 경우 필요한 자재의 양도 바뀌기 때문이다. 전기 기사 역시 작업을 중단해야 한다. 벽을 다시 뚫어야 할지도 모르기 때문이다. 모두가 불만 가득한 채 불확실한 상태로 기다린다. 여러분이 계단의 위치를 바꾸기로 결정할 경우 이 과정이 매끄럽고 효율적이며 경제적으로 진행될까? 그럴 리가 없다.

결정 번복의 장기적인 영향은 더욱 어마어마하다. 여러분의 조직 내 누군가가 의사 결정을 지나치게 자주 번복할 경우 누구나 쉽게 이러한 관행을 저지를 수 있으며, 이는 결국 안 좋은 문화적 습관을 낳게 된다. 첫째, 시간이 지나면서 사람들은 아주 작은 사안일지라도 처음부터 확실한 결정을 내리는 것을 주저할 것이다. 쉽게 번복될 수 있는데 굳이 왜 결정을 내리겠는가? 둘째, 결정이 내려진다 한들 사람들은 어느 순간 다른 방향으로 진행하라는 명령을 받을 거라는 두려움이나 기대 때문에 행동하기 전에 두 번 생각할 것이다(혹은 해당 결정에 동의하지 않을 경우 이를 아예 무시할 것이다).

우리는 학교 이사회, 위원회 회원, 마을 직원들이 상당히 나태한 상태에서 이러한 일이 발생하는 것을 본 적이 있다. 또한 프로젝트에 착수한다는 결정이 바뀔 확률이 상당히 높기 때문에 직원들이 프로젝트를 시작하지 않고 있는 기업도 목격했다. 개인적으로는 대학교나 대학원에 진학할지, 새로운 도시로 이주하거나 특정 경력을 추구할지를 재고하는 바람에 제자리걸음만 하며 점차 불만족스럽고 불확실한 상황에 직면한 사람들도 많이 봐왔다.

그럴 필요가 전혀 없다. 하지만 우리는 언제나 결정 번복로 인한 방해공작의 희생자가 되고 만다. 이 책에서 언급하는 다른 방해공작 형태처럼(잊지 말라,『손쉬운 방해공작: 실전 매뉴얼』의 원본을 쓴 사람은 당대에 가장 똑똑한 스파이계의 우두머리였다) 이러한 방해공작은 파악하기 쉽지 않다. 결정을 재고하는 것은 대부분 바람직한 일이기 때문이다.

결정을 번복할지 고수할지 (결사반대!)

그렇다. 결정을 재고하고 심지어 번복하는 것이 언제나 나쁜 일은 아니다. 그렇게 함으로써 건전한 관계가 형성되거나 사람들이 주저 없이 의사를 밝힐 수 있는 업무 환경이 구축될 수 있다. 또한 그렇게 하는 것이 목표나 조직, 팀을 위한 가장 바람직한 일이 될 수 있으며, 브랜드와 비즈니스를 살릴 수도 있다.

펩시코가 2009년에 트로피카나 브랜드를 홍보할 때 겪은 사례를 살펴보자. 이 기업은 주스 디자인(유리잔에 담긴 주스 사진)을 새롭게 단장하기 위해 약 3천만 달러를 투자했다. 하지만 새로운 디자인을 선보이자마자 판매가 급감했다. 고객들은 이 디자인이 '노브랜드' 제품이나 '할인 매장 브랜드' 제품처럼 보인다며 불만을 토로했다. 그리하여 새로운 디자인이 출시된 지 고작 7주 만에 펩시코는 이 디자인을 버리고 원래 디자인(빨대가 꽂인 오렌지)으로 돌아갔다. 펩시코 직원들은 결정을 재개하는 바람에 투자금을 날리게 되었지만 이는 올바른 조치였다.

결정을 재개하는 것은 사고를 막거나 심지어 목숨을 살릴 수도 있다. 여름 캠프의 사례를 생각해 보자. 캠프 폰드 올림픽에서 캠프 예정일 며칠 전에 다이빙대가 번개에 맞아 부러지는 사고가 났다. 캠프 책임자는 다른 임원들과 함께 이 행사를 몇 달 동안 기획해왔지만 다이빙대가 부서진 것을 보고는 행사일이나 장소를 재고할 것을 요청했다. 이 캠프 책임자는 방해자일까? 물론 아니다. 상황이 바뀌었고 다른 관련 요소가 개입되었기 때문이다.

그렇다면 올바른 '재고'와 그렇지 않은 경우를 어떻게 구별할 수 있을까? '다시 하기를' 요청하는 사람이 합리적인 이유를 댈 수 있는지를 살펴보고, 그러할 경우 그 이유와 결정을 고수할 때의 위험을 비교하면 된다. 결국 사람들이 결정을 재개하기를 요청하는 이유를 파악하는 능력에 달려 있는 것이다. 누군가의 재고 요청 뒤에 숨은 동기를 이해할 경우 "결사반대!"라고 외칠지 "일리가 있는 말이야. 재고해 보자고."라고 외칠지를 결정하는 데 도움이 된다.

결정 재고를 요구하는 사람들이 내세우는 6가지 가장 흔한 이유는 다음과 같다.

"난 부당한 취급을 받았어"

어떤 이들은 애초에 자기 방식대로 했어야 한다고 생각하기 때문에 결정을 재고하려 한다. 그렇다면 이것이 방해공작이 되는 경우는 언제일까? 번복하려는 이유가 그저 그 사람이 지는 것을 싫어하기 때문일 때다. 이런 사람들은 이전 회의에서 주장한 의견을 거의 그대로 반복한다. 약간의 하소연을 곁들여 아마 더 큰 목소리로 주장할 것이다.

우리는 최근 사립 고등학교의 이사회원 열두 명이 참석한 회의에서 이러한 상황을 목격했다. 이사회는 이전 회의에서 학교를 확장 이전하기 위해 시가 8백만 달러 건물을 매입하자는 의견에 관해 투표를 했다. 찬성이 열 명, 반대가 두 명이었다. 두 차례에 걸쳐 이 제안과 건물에 대한 긴 토론이 이어졌다. 투표를 하기 전에 부동산 중개인을 불러 학교가 제안하는 가격이 시장가인지를 확인했다. 재정 위원회는 예산을 분석해 학교 측이 해당 건물을 구입하고 보수하며 유지할 수 있는지를 점검했다. 학교 측 변호사가 나서서 계약서에 사인도 했다. 모든 이사회원이 부지를 답사했고 질문을 할 수 있는 자리도 수없이 마련되었다.

따라서 이번 회의는 이 제안의 현황과 다음 단계인 건물 보수를 논하는 자리가 되어야 했다. 하지만 회의가 시작된 지 10분도 되지 않아 이 결정에 반대했던 제인이 불쑥 끼어들어, "지난번에 말한 것처럼 이건 올바른 결정이 아닙니다. 다른 결정을 내려야 해요."라고 말했다. 그녀는 처음 회의에서 자신의 의견이 무시당한 것이 마음에 들지 않았다. 하지만 보다 구체적인 이유를 묻자 그녀는 지난번에 주장한 내용과 거의 동일한 말만 반복했다. 60분간의 논쟁 끝에 회의는 '그대로 진행한다'는 동일한 결론에 도달했다.

제인은 "우리가 매입하려던 원래 건물이 시장에 다시 나왔다는 사실을 알게 되었다"거나 "동일한 지역에 나온 매물 중 상태가 더 좋고 우리의 요구 사항에 더 적합한 다른 건물을 알고 있다."는 등 새로운 결정을 고려할 합당한 이유를 구체적으로 제공할 수도 있었다. 하지만 그녀는 그렇게 하지 않았다. 그저 자신의 옛 주장을 '재생'했을 뿐이다.

위원회 회장은 그녀를 어떻게 저지시켰을까? 그녀가 반대 의사를 표하자마자 "제인, 관련된 새로운 정보가 있나요? 우리가 이전에 미처 알지 못했던 정보 말이에요."라고 말한 것이다.

이는 결정 번복을 통한 방해자를 막을 수 있는 최고의 방법이다. '결정을 내린 뒤에 바뀐 사항'을 물어라. 바뀐 것이 없다면 뒤로 물러설 이유가 전혀 없다.

"나는 선입견이 있어(그저 몰랐을 뿐이야)"

통합적인 '연구'를 진행할 겨를 없이 빠르게 돌아가는 산업, 신생기업, 중소기업에서는 완벽하거나 완전한 정보 없이 대부분의 결정이 내려진다. 이 결정이 효과적일 때도 있지만 그렇지 않을 때도 있다. 따라서 누군가 회의실에 불쑥 들어와 "모든 것을 중단해! 정반대로 해!"라고 말할 때 우리는 그 의견에 귀 기울여야 한다고 생각하게 된다. 그 사람이 '완벽한' 결정을 내리기 위해 필요한 정보를 갖고 있을 수 있다고 생각하기 때문이다.

문제는 대부분의 경우 이 사람은 우리가 모르는, 그리고 아마 자신도 모르는 편견을 갖고 있다는 사실이다. 이 사람은 상황에 대해 객관적인 인식을 지니고 있지 않은 것이다.

예를 들어, 모든 형태와 규모의 조직은 항상 새로운 성장 프로젝트에 자금을 대기 위한 자원 충당 방법을 찾고 있다. 그 중 한 가지 방법은 현재 조직이 시행중인 프로젝트를 중단한 뒤 해당 자원을 새로운 성장 분야로 전용하는 것이다. 우리는 새로운 프로그램을 개발하고 시작하는 데 능한 사람들이 무언가를 중단시키기 위해 자신의 결정을 고수할 때 거의 지킬 앤 하이드식 변화를 도모하는 것을 자주 본다. 그들은 결정을 번복하고 또 번복한다. 그리고 그렇게 두 번째, 세 번째, 네 번째로 결정을 번복하기 바로 직전에 "잠깐만! X나 Y는 어때?"라고 말한다.

도대체 무슨 일이 벌어지고 있는 것일까? 이 능력 있는 사람들이 어째서 방해분자가 되는 것일까? 모든 프로젝트나 사업에는 이를 강하게 믿고 그 성공에 감정적으로 관여한 소유자가 있기 마련이다. 가장 확실한 프로그램을 중단하라고 요청받을 경우 이들은 이를 쉽게 받아들이지 못한다. '중단' 결정이 내려진 뒤 그렇게 하겠다고 동의를 했을지라도 막후에서는 이에 반대하며 자신들의 입장을 관철시킬 정보를 찾는다.

결정을 내릴 때 편견을 배제하기란 불가능하지만 편견이 미칠 수 있는 영향을 알아야 한다. 편견을 지닌 사람이 결정을 재개하려할 때 그들은 다른 이들의 동의를 얻기 위해 감정에 호소할 것이다. 혹은 새롭고 관련 있어 보이지만 사실은 그렇지 않은 정보를 제공할 것이다.

바로 이 때, 우리는 무관한 사항을 이용한 방해공작(4장 참고)에서 배운 교훈을 참고해야 한다. 사람들의 우려 사항을 인정하되, 반대 의사는 주차장에 보관한 뒤 훗날이나 회의가 끝날 무렵 다시 살펴봐야 한다. "당신이 무슨 말을 하는지 알겠어요. 이 사안에 관해 열정적인 게 확실하네요."라고 말할 수도 있다. 이렇게 할 경우 상대에게 그 의견이 중요하지만 조직이 집중하는 데 도움이 되지는 않을 거라는 사실을 주지시킬 수 있다. 하지만 무언가를 주차장에 보관할 때에는 상대가 염려하는 사항을 곧 자세히 들어보고 결정을 재개하려는 제안이 올바른 것인지 살펴볼 거라는 점을 확실히 해야 한다.

"너무 서둘렀어!"

너무 급하게 내린 결정을 번복하려고 한다면 아마 (준비, 조준, 발사!가 아니라) "준비, 발사, 조준!"의 상황을 막기 위해 노력한다고 생각하기 쉽다. 이는 바람직한 행동일까? 이 의사 결정 과정이 중요한 단계를 건너뛴 것이 확실하다면 그렇다. 문제는 우리가 성급하게 결정을 내렸다고 믿기 쉽다는 것이다. 특히 상당수의 금액이나 급격한 방향 전환처럼 중요한 결정을 내릴 경우 더욱 그렇다. 우리는 확신이 부족할 수 있으며 잘못된 결정을 내린 것으로 밝혀졌을 때의 결과를 두려워할 수 있다.

40개가 넘는 자동차 대리점을 운영하고 소유하는 기업의 CIO인 조시의 경우를 살펴보자. 그는 공급처를 더 잘 관리하는 데 도움이 될 소프트웨어 프로그램 계약서에 서명하려던 참이었다. 현 공급망은 다양한 고객 지연 사태를 초래하는 온갖 종류의 문제로 가득 차 있었다. 이 프로그램을 계약할 경우 거의 백만 달러가 소요될 예정이었다. 조시와 팀원들은 잠재 판매자와 여러 차례에 걸쳐 회의를 진행했으며 그들을 철저히 조사한 뒤 최종적으로 한 곳을 선정했다. 이 과정이 쉽지는 않았지만 조시는 자신이 내린 결정을 믿었다.

그런데 계약을 체결하기 며칠 전, 그의 직속 상사 중 한 명인 사라가 경쟁 자동차 기업이 다른 판매자와 계약을 했다는 소식을 전했다. 경쟁자는 훌륭한 기업이었기 때문에 사라는 갑자기 자신의 팀에서 진행한 자료 조사 결과를 의심하기 시작했다.

그러자 조시도 걱정이 되기 시작했다. 사라가 의심한다면 자신도 그래야 하지 않을까? 자신이 안 좋은 결정을 내리려고 한 것 같은 생각에 그는 긴급회의를 소집했다. 그는 팀원들에게 "조사를 다시 해야 할까요? 사라는 우리가 성급하게 결정을 내렸다고 생각하는 것 같은데 저도 동의해요. 시간을 조금 더 가지고 다른 판매자도 살펴보도록 합시다."라고 말했다.

하지만 결정을 번복한 지 두 달이 지난 뒤에도 그들은 여전히 계약을 체결하지 못했다. 그들이 처음에 선택했던 판매처가 초조해하며 제품의 가격을 올린 것이다. 지속적인 공급망 문제 때문에 자동차 구매가 어려워졌고 고객들은 다른 거래처와 사업을 하기 시작했다. 게다가 소문에 따르면, 경쟁자가 매입한 프로그램은 제대로 작동하지 않았다. 조시는 다른 판매처와 계약해야 할 것 같은 압박에 시달렸다. 그는 새로운 소프트웨어를 실행해볼 시간이 충분치 않다는 사실도 알았다. 그의 팀은 난관에 봉착했다.

사라는 순진한(자신감이 부족한) 방해자였고 그녀가 맞을 거라는 생각에 두려워한 조시는 자신도 모르는 사이에 공범이 되었다. 두려움과 자신감 부족은 강력한 동기부여제다. 여러분이 이러한 감정에 휩싸여 있는 상태에서 누군가가 "우리가 성급했어!"라고 말할 경우 사실에 기반한 답을 달라고 요구하라. "결정할 시간이 더 있었다고 칩시다. 우리가 이미 시행한 것 말고 그 시간 동안 무엇을 할 수 있었을까요?" 이에 대한 현실적인 답이 나오지 않을 경우 원래의 결정을 고수하는 편이 바람직하다.

"나한테 묻지 않았잖아"

때로는 자신이 의사 결정 과정에 참여하지 않았다는 이유로 결정을 재고하려는 사람들이 있다. 그들은 해당 결정에 반대할 수도 있고 동의할 수도 있다. 하지만 그들의 의견이 반영되지 않았기 때문에 기분이 나쁜 것이다. 그들은 결정을 무산시키기 위해 그 결정으로 인한 결과가 좋지 않을 거라고 주장한다. 자신과 상의했다면 다른 결정이 내려졌을 거라는 사실을 말하고 싶은 것이다.

결정을 재고하자고 요청하는 사람이 자신의 주장이나 관점이 왜 다른 결정을 낳을 것인지에 관해 구체적인 설명을 하지 못할 경우 그들은 방해자가 분명하다.

이러한 방해분자들을 식별하기란 비교적 쉽다. 그들은 자신이 모든 것을 알고 있다고 생각한다. 우리 주위에는 이렇게 '아는 체하는 사람'이 상당히 많다. 그들은 자신이 상황을 구제한다고 생각한다. 대화를 독식하고 다른 사람의 의견을 무시하며 '내 방식을 따르든지 나가든지'라는 독불장군식의 태도를 취한다.

하지만 그들이 상당히 존경받는 인물일 때도 있다. 조직의 창립자이거나 은퇴를 곧 앞둔 사람으로 다른 사람에게 자리를 물려주고 일선에서 빠지려는 사람일 수 있다. 물론 실제로는 그렇게 하지 못하지만 말이다. 그들은 과거에 의사 결정자였으며 이제는 지원하는 역할을 맡고 있을 수도 있다. 문제는 그들은 여전히 무대를 장악하고 있으며 한 번 말을 꺼내면 이목을 집중시킨다는 데 있다. 게다가 그들이 결정이 재개하기를 원할 경우 그들에게 그러한 권한이 없는데도 불구하고 사람들이 그들의 의견을 따르는 경향이 있다.

이러한 상황이 가져올 위험을 최소화하기 위해서는 키루스 2세의 말에 귀 기울이기를 바란다. 페르시아 왕인 그는 "다양성은 상의해서, 단결은 명령으로"라고 말했다. 즉, 결정을 내리기 전에 충분히 많은 사람들로부터 충분히 많은 의견을 듣도록 하라. 결정을 내리기 전에 여러 의견을 듣는 것이 당연한 단계처럼 보이지만 매니저들은 이 단계를 종종 간과하곤 한다. 의사 결정자는 최종 결정을 내리기 전에 해당 결정에 반대할 것 같은 사람, 결정이 내려지면 이를 실행할 사람 등 다양한 이들로부터 조언을 구하는 것이 바람직하다. 모두의 의견을 들을 경우 결정의 질이 높아질 수 있다. 하지만 일단 결정을 내린 뒤에는 이를 고수해야 한다.

그렇다고 해서 모든 사람의 의견을 들으라는 뜻은 아니다. 또한 무조건 많은 의견을 듣는다고 해서 더 좋은 결과가 나오는 것도 아니다. 하지만 더 많은 사람과 상의할 경우 해당 결정에 대해 더 많은 지지를 받게 될 것이다. 사람들은 자신의 주장과는 다른 결정이 내려졌다 하더라도 여러분이 자신의 결정을 고려하고 존중했다는 느낌을 받게 될 것이다.

"전엔 말 안했지만 이제서야 말하는데……"

회의 참석자 모두가 해당 의견에 동의하는 것처럼 보이지만 회의실 안이 조용할 경우 이는 경고의 표시다. 우리는 사람들이 피드백을 요청받을 때마다 자신의 생각을 솔직하고 직접적으로 말하기를 기대한다. 이러한 일이 벌어진다면 바람직할 것이다. 하지만 현실은 그렇지 않다. 특히 공적인 특성을 띄는 회의나(대규모 직원회의, 협회 일반 회원 회의, 커뮤니티 모임 등) 많은 것이 걸려 있는 결정일 경우 사람들은 의사 표현을 솔직하게 하지 못한다.

우리는 다양한 직책의 직원들이 피드백을 요청받는 상황에서 자신보다 높은 사람, 특히 상사 앞에서 다른 의견을 펼치는 것을 주저하는 경우를 많이 봐왔다. 이 경우 유력한 용의자가 대화를 장악하며 자신의 관점을 공유한다. 나머지 사람들은 이에 동의하지 않을지라도 입을 다문다. 그들은 자신이 '이길 수' 없다는 사실을 알기 때문에 아무런 말도 하지 않은 채 결정이 내려질 때까지 기다렸다가 막후에서 자신들의 관점을 지지할 수 있는 캠페인에 착수한다. 그들은 문제를 일으키고 싶지 않지만 다른 방법이 없다. 그들은 이렇게 함으로써 잠시나마 자신에게도 발언권이 있다고 느낀다.

이는 함께 결정을 내리기 위해 노력하는 사람들에게 안 좋은 영향을 미칠 수 있다. 고위 간부가 '조정 회의'에서 핵심 인물들에 대해 광범위한 평가를 내리는 경우를 생각해 보자. 이 회의는 직원들을 평가하고 그들의 작년 업무 수행을 바탕으로 등급을 매기는 자리다. 베인 캐피털Bain Capital의 운영 파트너 애니 드라포가 말했듯, "사람들의 미래는 균형에 달려 있을 수 있다. 여러분은 회의 참석자들이 망설이며 의견을 제시하지 않는 것을 원치 않을 것이다."

하지만 이러한 일이 정말로 일어났다고 생각해 보자. 일부 사람들은 후보자에 대한 견해를 전부 말하려고 하지는 않을 것이고 누군가는 일부 의견에 힘입어 진급하게 된다. 몇 주 후 의견을 제공했던(혹은 그러기로 되어 있던) 사람들은 평가 대상이었던 사람에 대해 보류했던 의견을 표시한다. 그들은 상급 직원들의 긍정적인 의견에 맞서 그에 반대하는 의견을 제공하기를 꺼려했던 하위 직원들이었을지도 모른다. 이제 그들의 솔직한 의견이 수면 위로 떠올랐지만 이미 직장 내에는 도미노 효과가 발생했다. 후보자는 승진했고, 인터뷰와 다른 조정 회의가 이루어지고 있다. 드라포가 말한 것처럼 "후진하는 것은 상상할 수 없을 정도로 어렵다. 그것이 옳은 일이라는 사실이 밝혀진 후에도 말이다."

자신의 의견을 직접적으로 솔직하게 말하지 않아서 발생하는 방해공작으로부터 조직을 보호하기 위해 우리가 사용하고 있는 (그리고 사용되는 것을 목격하고 있는) 효과적인 방법은 다음과 같은 기본 원칙을 수립하는 것이다. "침묵은 동의와 같다." 이 법칙은 아무리 주저하는 성향의 사람이나 불만을 돌려서 표출하는 사람이더라도 입을 열게 만든다. 혹은 자신들의 의견이 당장의 의사 결정에 영향을 미치지 않을 거라는 위험을 감수해야 하더라도 그렇다.

사람들의 의견을 바탕으로 결정을 내린다는 기대 하에 의견을 구할 경우, 다른 이들이 의견을 제공하고 다양한 견해를 주고받을 수 있는 장을 조성하거나 메커니즘을 수립하라. 조직의 성격과 결정의 범위에 따라, 익명이나 그 밖의 방법을 통해 다양한 견해를 수렴할 수 있는 잘 조직된 회의와 설문 조사, 온라인 투표를 비롯한 기타 방법을 사용할 것을 권장한다. 피드백을 원하는 사람으로부터 의견을 받기 전에 그들에게 이 기본 원칙(침묵은 동의와 같다)을 알려줘라. 우세한 주장에 반대하는 의견이 들리지 않을 경우(혹은 보이지 않을 경우) 모두가 동의한다고 보면 된다. 그렇게 되면 소수의 의견도 반영했다는 확신을 갖고 일을 진행할 수 있다.

"동의하기는 했지만 다르게 실행할거야"

결정 번복를 통한 방해공작의 가장 은밀하고 파괴적인 형태는 의사 결정자의 작업이 끝난 후 결정을 실행하는 동안 이루어진다. 노엘 티치와 데이비드 올리치의 말을 빌리자면, "CEO와 대부분의 매니저는 모세가 수 천 년 전에 배운 교훈을 간과하는 경향이 있다. 십계명을 적고 전달하는 것은 쉽다. 이를 실행하는 것이 어렵다."[6]

한 금융 서비스 회사의 매니저를 생각해 보자. 그는 의사 결정 과정에 참여했지만 나중에 이렇게 말했다. "저는 회의에서 동의한 사항에 대해 알고 있었습니다. 하지만 팀에 돌아와 그 얘기를 전달하려고 했더니 팀원들이 좀 더 괜찮은 생각을 제안하더군요. 그래서 우리가 결정한 방향으로 진행하는 동안 약간의 변화를 주었죠."

그와 팀원들은 사실 실행이 이루어지는 동안 교묘하게 결정을 재고한 것이다. 언젠가 밝혀지기 전까지는 아무도 그의 팀이 결정을 바꿨다는 사실을 알아차리지 못할 것이다. 다른 사람들은 내려진 결정대로 일을 진행할 것이다. 이로 인한 파급효과는 엄청날 수 있다. 이 사실이 밝혀지지 않은 채 시간이 흐를수록 원래 동의한 사항과 실제로 진행되는 사항 간의 간격은 점차 커질 것이다.

이러한 상황에서 벗어나기 위해서는 첫째, 결정과 관련된 의사소통 계획을 세워야 한다. 무엇을 왜 결정하는 지에 대한 혼란과 오해를 막기 위해 전달 내용과 형식, 전달 책임자와 전달 대상 등을 담은 계획표를 작성하는 것이다. 둘째, 해당 결정을 실행해 옮길 책임이 있는 사람을 확실히 파악해야 한다. 이 사람은 결정을 내릴 책임이 있는 인물과는 다른 사람일 수도 있다. 셋째, 실행 사항을 추적하고 점검하기 위해, 그리고 실행이 의도한 방향대로 진행되고 있는지를 확실히 하기 위해 정기적인 체크포인트를 정해야 한다.

결정 번복이 습관이 되면 안 된다

결정에 의문이 제기되는 모든 상황에서는, 결정을 번복할 경우에 수반되는 비용/이득을 기존 의견을 고수할 경우에 수반되는 비용/이득과 비교해야 한다. 어떠한 경우에는, 특히 새롭고 관련 있는 정보가 제공될 경우에는 결정을 번복하는 것이 합리적이다. 하지만 현실은 그렇지 않다. 지나치게 쉽게 결정을 번복할 수 있을 경우 사람들은 결정을 내리는 것 자체를 주저하게 될 것이다. 영구적인 최종 결정으로 여겨지지 않을 경우 사람들은 이를 실행하기 전에 두 번 생각하게 될 것이다. 특히 이것이 처음부터 '잘못된 결정'이라고 생각한 사람들은 더욱 그럴 것이다. 심사숙고해서 결정을 하고 올바른 사람들로부터 충분히 의견을 수렴하며 자신이 내린 결정을 확실히 전달하고 결정과 관련된 실행의 진전 사항을 추적하기 위해 점검을 할 경우, 개인적인 사안을 바탕으로 결정을 번복하려는 방해분자를 미연에 방지할 수 있을 것이다.

결정 번복를 통한 방해공작을 아예 막을 수는 없다. 그저 이러한 방해공작이 왜 발생하는지를 파악해서 목격하는 즉시 이를 해결하고 자신의 의사 결정 과정을 개선하는 수밖에 없다. 이렇게 할 경우 우리는 적어도 결정 번복를 통한 방해자가 침투하는 경로를 일부 차단할 수 있을 것이다.

CHAPTER 7

과도한 조심성을 이용한 방해공작

'주의할 것'을 권장하라.
'합리적'으로 행동하며 다른 회의 참석자들에게도
서두르지 말고 '합리적'으로 대응할 것을 촉구하라.
서두를 경우 훗날 어려운 상황에 처할 수 있다고 말하라.

〈성공시대 How To Succeed In Business Without Really Trying〉라는 뮤지컬을 보면 우편실에서 일하기 시작한 신입사원 J. 피어폰트 핀치가 나이 많은 직원 트윔블 씨와 대화를 나누는 장면이 나온다. 그는 핀치에게 회사로부터 받은 메달을 보여주면서 다음과 같이 말한다.

트윔블 씨: 지난 달에 받은 25년 근속상이라네.

J. 피어폰트 핀치: 와, 멋진데요, 25년 근속이라니!

트윔블 씨: 자그마치 25년이지.

J. 피어폰트 핀치: 그럼 이 우편실에서는 몇 년 동안 일하셨습니까?

트윔블 씨: 25년. 이 메달을 받는 것은 쉬운 일이 아니라네. 기술도 필요하고, 사교 능력도 필요하고, 지나칠 정도로 많은 조심성이 필요하지.

우편실에서 계속 일하는 것 자체에는 문제가 없다. 하지만 이것이 여러분이 원하는 바는 아니라고 치자. 너무 많은 사람이 트윔블 씨처럼 지나치게 조심하는 것은 아닐까? 우리는 너무 심하게 '조심하고' '합리적'으로 행동하는 것이 아닐까?

그렇다면 우리는 과도한 조심성를 통한 방해공작을 저지르고 있을 수 있다.

주의는 이상한 특징을 지닌다. 주의 깊거나 합리적인 것은 보통 바람직하고 현명한 생각이다. 서두르지 않으며 다른 사람들이 지나치게 빨리 행동에 뛰어들지 못하도록 저지하는 일은 합리적인 처사다. "급할수록 돌아가라" "서두른 결혼은 후회하기 마련이다" "모든 일에는 순서가 있다" 같은 속담을 들어봤을 것이다. 모두 합리적인 말이다. 흥분한 상태에서 메일을 써서 보낸 뒤 후회한 적이 있을 것이다. 일의 범위를 파악하지 않은 채 프로젝트에 참여한 뒤 감당하지 못한 경우도 있을 것이다. 주의하지 않았다가 순식간에 수많은 곤경에 처한 적도 있을 것이다.

하지만 지나치다 싶을 정도로 주의를 기울일 경우 안 좋은 영향을 미칠 수 있고, 아무리 좋은 의도라도 방해가 될 수 있다. '과도한 조심성'을 기울일 경우 자신과 조직에 무슨 일이 발생하는지 살펴보자.

○ 한 고등학교 축구팀은 반칙에 지나치게 민감하다. 선수들은 공격적으로 경기를 펼칠 전의를 상실하고 그 결과 매 게임마다 패배하고 만다. 반칙을 저지르지 않으려고 신경 쓰다 보니 득점하고 수비하는 등 경기의 본래 목적에 집중하지 못한다. 그들은 게임을 즐기는 것도 잊고 있다.

○ 인적 자원부 직원들은 임원들이 일상의 업무에서 손을 떼고 새로운 도시로 사업을 확장하기 위한 방법을 논의해야 한다고 생각한다. 그들은 이러한 목적을 위해 휴양 워크샵을 기획했다. 하지만 다른 이들이 이를 '특권층'을 위한 혜택으로 볼까 염려한 그들은 모두가 참석하는, 일 년에 두 번 열리는 무의미한 워크샵을 개최했다. 이 직원들은 지나치게 높은 '조심성' 때문에 불필요한 목적에 시간과 에너지를 낭비하고 말았다.

○ 16년 동안 펜실베이니아 주립대 총장을 맡고 있는 그레이엄 스패니어는 제리 샌더스키 축구 보조 코치의 아동 성범죄 혐의 문제를 해결할 때 계속해서 주의를 촉구했다. 소문에 의하면, 그는 이 혐의 때문에 학교의 명성에 흠이 갈까봐 두려워했다고 한다. 2011년, 샌더스키가 체포된 지 고작 나흘 만에 스패니어 총장은 퇴출되고 말았다. 1년 후 그는 위증, 샌더스키의 범죄 행위 은폐 공모, 아동 방임죄 등 총 8가지 범죄 행위로 기소되었다. 그는 지나치게 주의를 기울이는 바람에 보다 결단 있는 행동이 필요한 심각한 상황에서 방관자가 되고 만 것이다.

과도한 조심성나 사리 분별은 결국 조직의 습관이 된다. 이는 "아무리 좋은 상황이라도 먹구름이 있기 마련이다"라고 항상 직원들의 귀에 속삭이는 일종의 문화적 경구가 된다. 어떠한 방식으로 소개되거나 홍보되든, 사람들로 하여금 잠재적인 재앙이라는 렌즈를 통해 상황을 고찰하게 만든다. 또한 필요한 상황에서조차 사람들의 빠른 행동을 저지한다. 모두의 행동을 느리게 만드는 것이다. 창의력을 갉아먹고 아무 일도 시도하지 못할 정도로 사람들을 겁먹게 만든다. 지나치게 주의를 기울임으로써 의도적으로 방해공작을 저지르는 사람들의 희망사항이 바로 이렇게 조직에 스며드는 신중한 사고방식이다. OSS가 이러한 방해공작을 원본 매뉴얼에 포함시킨 이유가 바로 이 때문이다. 오늘날 조직에서 이러한 방해공작이 무심코 저질러진다면 이는 악몽이나 다름없는 것이다.

과도한 조심성를 이용한 방해공작 감지하기

분별력 때문에 조직의 노력이 물거품 되는 것을 막기 위해서는 우선 바람직한 주의와 도가 지나쳐 방해공작이 되는 주의를 구별할 줄 알아야 한다. 즉, '위협'과 '위험'을 분별하는 법을 배워야 한다. 위협은 언제나 존재할 수 있다. 그렇다면 위협으로 인한 위험이 현실이 되는 경우는 언제일까?

이 질문에 대한 답을 찾는 데에는 다음과 같은 두 가지 방법이 유용하다. 과도한 조심성로 방해공작이 발생할 것처럼 보이는 상황에 직면할 경우, 사실을 물어보고 '장단점' 목록을 작성해 보는 것이다.

사실을 물어라

과도한 조심성를 통한 방해자는 어둠 속에 숨어 있다. 사실만이 이를 밝힐 수 있다. 누군가가 "이 결정은 '준비, 발사, 조준!'식으로 성급해 보입니다. 최대한 합리적으로 대응해야 합니다. 속도를 늦추는 게 나을 듯합니다."라고 말할 경우 왜 그렇게 생각하는지 물어 보아라.

그들이 자신의 주장을 뒷받침할 사실을 말하지 못할 경우, 과도한 조심성를 통한 방해자인 것이다. 그들의 분별력은 보통 상황에 대한 정확한 평가가 아니라 감정적인 반응에 기인한다. 여러분이 뉴햄프셔에 캠핑을 가고 싶어 한다고 치자. 자는 동안 곰이 우리를 죽일 수 있다고 누군가가 말했다. 어떻게 해야 할까? 스스로에게 이렇게 물어보자. 위협은 무엇인가? 위협은 곰이다. 이 위협은 실질적인가? 그렇다. 그렇다면 위험도는 어떠한가? 높은가? 뉴햄프셔 야생동물 관리부 웹사이트에 들어가 보면, 누군가가 검정 곰에게 공격당해 죽은 마지막 해는 1748년도라고 나와 있다. 게다가 뉴햄프셔 주에 서식하는 유일한 곰은 검정 곰이다. 따라서 위험도는 낮다. 사실을 묻는 것은 과도한 조심성를 이용한 방해공작 여부를 파악할 수 있는 좋은 방법이다.

이 전략은 고도의 지능을 요하지 않는다. 전혀 그렇지 않다.

하지만 우리의 경험에 따르면, 생각보다 많은 사람이 이 전략을 실행하지 않고 있다.

'장단점' 목록을 작성하라

사실을 파악하는 방법은 한두 가지 사실쯤은 얻을 수 있지만 종합적으로 결론을 내리기에는 부족하다. 즉 "파괴 분자여, 썩 물렀거라!" 혹은 "그것도 일리가 있네, 이 문제를 조금 더 생각해 보자."라고 말하는 깨달음의 순간을 얻을 만큼 충분한 정보를 얻지는 못할 수 있다는 말이다. 곰의 공격을 염려하는 사람은 뉴햄프셔 주에 5천 마리의 곰이 서식한다는 사실을 언급할 지도 모른다. 이는 사실이다. 이들은 뉴햄프셔 야생동물 관리부의 말을 인용할 수도 있다. 그들은 위협을 감지한 것이다. 하지만 그것으로 충분할까? 그렇지 않을 것이다.

사실을 획득했지만 이들을 어떻게 비교해야 할지 확신이 서지 않을 경우, '장단점' 목록을 작성해 양쪽의 장점과 단점을 비교하면 된다. 이렇게 할 경우 잠재적인 방해자가 과도한 조심성을 통해 우리의 행동을 저지하거나 지연시키려고 하는 것인지 아닌지도 알 수 있게 된다. 이전 사례의 경우, 뉴햄프셔 주에 서식하는 곰의 수를 파악하는 것만으로는 충분하지 않을 수 있다. 이는 확실한 자료이지만 그 자체로는 캠핑의 안전에 대해 아무 것도 말해주지 않는다. 여러분은 곰 밀집 지역, 곰이 자주 출몰하거나 공격적인 성향을 띄는 계절 같은 추가 정보가 필요할 것이다. 5천 마리라는 숫자는 곰이 사람을 마주칠 때 어떠한 습성을 보이는지에 대해 무엇을 말해줄까? 아무 것도 말해주지 못한다. 따라서 추가 정보를 찾아봐야 한다.

그런 다음에는 각 '단점'을 꼼꼼히 살펴본 뒤 이것이 발생할 확률을 수치화해야 한다. 가능하다면 백분율로 표시하면 좋다. 최악의 경우인 90퍼센트가 일어날 확률은? 50퍼센트는? 10퍼센트는?

이 목록을 작성한 뒤에는 다른 사람들에게 조심스러운 행동이 결정 실행 여부와 성공 정도에 얼마나 영향을 미칠지를 물어보아라. 주의를 기울일 경우, 안 좋은 일이 발생할 확률이 낮아질까 아니면 그저 지연될 뿐일까? 신중을 기하면 기회를 놓치게 될 뿐일까?

신중한 조언을 따를 경우의 장단점 목록을 작성하는 것은 상황을 객관적으로 평가하는 데 도움이 될 것이다. 심장(혹은 두려움이 기인하는 모든 곳)뿐만 아니라 머리로도 생각하게 되기 때문이다. 여기에서 중요한 것은 단점 목록, 즉 주의를 촉구하는 근원이 무엇인지를 파악하는 것이다. 이 조언은 사람들이 처음부터 '성급하게' 결정을 내렸기 때문에 결정을 번복하기를 요청할 때 유용하게 활용할 수 있는 방법과 비슷하다(6장 참고). 이는 우연이 아니다. 객관성을 요하는 '사실 파악' 접근법은 감정과 압박에서 파생된 어떠한 형태의 방해공작도 무찌를 수 있는 유용한 해독제이기 때문이다.

가끔은 나쁜 일이 발생할 확률을 파악하기 어려울 때가 있으며, 백분율로 표시하는 것이 불가능할 때도 있다. 그럴 경우 다른 방법을 취해보자. 안 좋은 결과가 발생할 확률을 '높음/중간/낮음'으로 분류하거나 '빨강/노랑/초록'으로 표시하는 것이다.

　　우리는 위험도를 보다 자세히 평가하기 위해 이 분야에서 세계적으로 유명한 전문가 브렌트 왈더와 얘기를 나눴다. 브렌트는 프루덴셜 퇴직 보험의 수석 보험계리인으로 그의 팀은 수백 만 미국인의 퇴직 연금 관리에 수반되는 위험을 평가하고 정량화하는 일을 맡고 있다. 그는 이 연금을 보호할 의무가 있지만 이를 확장시킬 책임도 있다. 그의 업무는 위험을 평가하는 것인데, 상당히 엄격한 잣대로 정량화 작업을 한다. 그는 다음과 같이 조언한다.

　　나는 위험을 평가할 때 성공을 먼저 규정하는 방법을 선호한다. 성공이 무엇인지를 알아야 위험을 파악하고 이를 제대로 평가할 수 있다. 우리는 물론 위험을 최소화하고자 한다. 하지만 위험을 최소화하는 것만이 성공을 위한 유일한 조건은 아니다. 위험을 유형별로 분류하는 것도 중요하다. 경쟁적인 위험인가? 자원상의 위험인가? 우리가 잘 알고 있는 위험인가, 전혀 모르는 위험인가? 이 위험은 성공으로 향하는 길의 어디쯤에 놓여 있는가? 이렇게 분류하는 작업은 상황을 객관적으로 파악하는 데에도 도움이 될 수 있다.

　　위험 관리 전문가조차 균형감각을 잃지 않기 위해 계속해서 신중한 접근을 해야 한다는 사실은 우리에게 큰 위안을 준다.

과도한 조심성를 이용한 방해공작을 유리하게 활용하기

과도한 조심성를 통한 방해공작을 방해 공작으로 보지 않고 이에 굴복하는 척하는 것이 이에 가장 잘 대처하는 방법이 될 때도 있다. 이 방법은 방해자가 될 수 있는 사람을 알고 있으며 그 사람이 걱정이나 자신감 부족으로 지나치게 신중을 기한다는 사실도 알고 있을 때 가장 효과적이다. 이렇게 생각해 보자. 커다랗고 무거운 공을 잡는 남자를 떠올려 보아라. 그 사람이 등을 꼿꼿이 세운 상태로 가만히 서서 공을 잡으려고 하면 분명히 넘어질 것이다. 하지만 공의 움직임에 따라 조금 뒤로 이동하거나 다리를 굽히는 등 조금씩 움직일 경우 쓰러지지 않고도 공을 잡을 수 있다. 우리가 말하는 방법은 이처럼 더 큰 목표를 위해 작은 것을 포기하는 것이다. 과도한 조심성를 통한 방해자가 전하는 주의 깊은 조언을 받아들이되 그 사람이 여러분을 통제하도록 내버려두지 않으면 된다.

이를 위해서는 '그래, 그리고Yes, and'라는 즉흥 연극을 활용할 수 있다. 티나 페이는 『Bossypants』라는 책에서 이 방법에 관해 설명하고 있다.

우리가 즉흥 연기를 하는 도중 내가 "꼼짝 마, 나한테 총이 있어."라고 말했는데 당신이 "그건 총이 아니야. 손가락이지. 지금 손가락을 나한테 겨누고 있잖아."라고 말하면 우리의 즉흥 연기는 거기서 끝나고 만다. 하지만 내가 "꼼짝 마, 나한테 총이 있어."라고 말했는데 당신이 "내가 크리스마스 선물로 준 총이잖아! 이런 개자식!"이라고 말하면 즉흥극이 시작된다. 우리는 내 총이 크리스마스 선물로 받은 총이라는 사실에 동의하는 것이기 때문이다.[7]

'그래, 그리고' 방법은 다른 사람의 말을 인정한 뒤 그곳에서부터 시작하는 것을 의미한다. 이는 방해자들의 반사적인 반응을 바꾸는 것이다. '그래, 그리고' 방법을 취할 경우 계획한 대로 계속해서 나아갈 수 있을 것이다. 여러분은 걱정하는 동료를 안심시키는 동시에 하루 일과를 계속할 수 있다. 또한 방해공작을 저지할 수 있을 뿐만 아니라 예상치 못한 이득도 볼 수 있다.

예를 들어, 여러분이 스포츠 용품점을 운영한다고 치자. 여러분이 사는 마을에는 커다란 호수가 두 개 있고 주위에 여름 별장이 있는 작은 연못이 몇 개 있기 때문에 스탠드 업 패들보드 (SUP)를 재고 목록에 추가시킬까 생각중이다. 여러분의 사업 파트너는 신중을 기한다. 그는 이 스포츠가 확실히 인기를 끌고 있지만 지나치게 위험한 생각이라고 말한다. 이 마을에는 이 스포츠가 아직 소개되지 않았기 때문에 투자한 만큼 수익을 거두지 못할까봐 걱정이다. 여러분은 자세한 사항을 물어보았고 파트너가 SUP를 재고 목록에 포함시키는 것에 반대하는 이유 중 하나가 지역 해양 물품 판매점(가장 가까운 경쟁자)에서 이를 시도했다가 안 좋은 결과를 보았기 때문이라는 사실을 알게 된다.

파트너는 경쟁자가 SUP를 판매하려고 시도하다 실패한 사실 때문에 염려하지만 여러분은 다르게 생각한다. 그래서 "맞아, 경쟁자가 SUP를 취급했지만 팔지 못한 것은 안타까운 일이야. 하지만 우리는 그 사람의 실수로부터 배워야만 해."라고 말한다. 과도한 조심성으로 인한 방해자의 염려에 동의할 경우 여러분은 이러한 우려를 완전히 바꿀 수 있다. 경쟁자의 실패(파트너가 걱정하는 이유)를 자세히 들여다봄으로써 똑같은 실수에서 벗어날 수 있는 것이다.

여러분은 그 날 저녁 식사 자리에서 15개의 SUP를 구입한 뒤 이를 사람들에게 대여해 주겠다고 결정한다. 시즌이 끝날 때쯤이면 할인가로 판매할 예정이다. SUP 대여와 관련된 법적 책임을 알아보고 보급률을 확인한 뒤 홍보를 하고 예약을 받기 시작함으로써 상황을 미리 가늠해 본다. 그리고 사람들이 예약을 꽤 하는 것을 본 뒤 SUP를 구매한다.

여러분은 파트너의 우려 사항에 잘 대처했다. 그의 걱정 때문에 잠재적으로 수익을 낼 수 있는 아이디어가 사장되는 것을 막았을 뿐만 아니라 경쟁자의 경험으로부터 교훈을 얻음으로써 이 아이디어를 실행할 때 수반되는 위험을 낮추기도 했다.

과도한 조심성으로 인한
방해공작으로부터 조직을 보호하기

롭은 대규모 화학 기업에서 워크숍을 진행하고 있었다. 리더들이 화학자들에게 더욱 혁신적으로 행동할 것을 촉구하는 워크숍이었다. 하지만 그는 기업 문화가 '과도한 조심성로 인한 방해공작'에 노출되어 있다는 사실을 몰랐다. 워크숍이 진행된 지 30분 쯤 지나 화학자 한 명이 손을 들어 다음과 같이 말하고 나서야 그는 자신이 처한 상황을 알게 되었다. 그 화학자는 무표정한 얼굴로 "잘 모르시나본데 이건 저희 문제가 아닙니다. 이 회사는 오랜 기간 입증된 혁신만을 원합니다."라고 말했다.

조직이 과도한 조심성에 취약하다는 사실을 깨닫고 나자 롭은 혁신을 촉진하기 위해서는 화학자들이 열정적으로 발명품을 만들게 하고 협력을 용이하게 하는 것만으로는 부족하다는 생각이 들었다. 전반적인 기업 분위기가 지나치게 조심하는 태도에서 벗어나도록 만들어야 했다.

롭이 나중에 화학자들과 기업의 리더들에게 설명했듯, 과도한 조심성로 인한 방해공작으로부터 조직을 보호하기 위해서는 적어도 다음과 같은 두 가지 단계를 취해야 한다.

첫째, 사람들의 '기본적인' 성향(자신 포함)과 그들이 조직에 미치는 영향을 파악하는 능력을 길러야 한다.

버지니아 대학의 심리학자 샤리 스타인만은 '걱정이 많은 사람들은 애매모호한 정보를 부정적으로 해석한다'고 말한다.[8] 여러분의 상사나 조직의 지도자가 걱정이 많고 모든 상황에 부정적이거나 비관적으로 반응함으로써 주의를 촉구하는 사람일 경우 그들의 반응을 예측하라. 걱정의 대상이 될 것 같은 사실을 계속해서 (교묘하게) 캐물은 뒤 '그래, 그리고' 방법을 활용하라. 만약 여러분이 책임자일 경우 과도하게 주의를 기울이는 성향이 없는 사람을 결정자로 임명하라.

그렇다면 책임자인 여러분이 매사에 걱정하고 염려하는 경향이 있는 경우는 어떡해야 할까? 여러분이 잠재적인 방해자이며 그 사실을 알고 있을 경우 조직의 발전을 저지하지 않도록 견제와 균형의 원칙을 수립하면 된다. 행동 지향적이고 지나치게 걱정하지 않는 직원을 찾아라. 그리고 스스로가 행동을 취하는 데 주저하거나 '그래, 그리고' 반응을 하지 못할 경우 잠시 멈춰서 그 직원에게 도움을 요청하라. 그 사람과 의견을 교환하라. 해결책을 찾는 것이 아니라 그 직원이 보기에 여러분이 지나치게 주저하거나 부정적인 반응을 보이지 않은지 살펴보는 것이다.

과도한 조심성으로 인한 방해공작으로부터 조직을 보호하는 두 번째 단계는 자신의 행동이나 다른 사람의 행동이 조직 전체에 미치는 영향을 객관적으로 파악해 방해공작을 조장하는 행동에 변화를 주는 것이다. 아이에게 수영을 가르치는 경우를 생각해 보자. 아이가 사고로 물에 빠졌다고 치자. 여러분은 소리를 지르고 팔을 휘저으며 물에 뛰어든 뒤, 수영복이나 신체 부위 등 닥치는 대로 아이를 잡아서 물 밖으로 끄집어 낸 다음, 타월에 감싸서 꼭 부여잡은 채로 라커룸으로 황급히 데려갈 것이다. 이 경우 아이들은 결국 물을 두려워하게 될 것이다. 반면, 여러분이 물로 뛰어들어 아이를 집어 올리되 물 밖으로는 꺼내지 않은 채 "좀 더 빨랐어야지! 이제 같이 점프해 보자꾸나. 물 위에 떠 있는 게 얼마나 재미있는 지 보여줄게."라고 웃으며 말할 경우 아이들은 물을 두려워하지 않게 될 것이다.

조직의 경우 이는 사안과 기회의 부정적인 측면이 아니라 긍정적인 측면에 집중하도록 사람들을 훈련시키는 것을 의미한다. 여러분의 말과 행동을 살펴보고 다른 사람의 부정적인 말에 반박하는 것을 뜻한다. 또한 무언가를 기대할 때 부정적인 가능성보다는 긍정적인 가능성에 집중하는 법을 배우고 이를 습관으로 삼는 것을 의미한다. "하지 마" 대신 "해"라고 말하고 "비가 올 것같아" 대신 "오늘 날씨가 어때?"라고 묻는 것이다. 사람들이 하지 않기를 바라는 것('반칙을 줄여야 하는 걸 잊지 마!')보다는 그들이 하기를 바라는 것('너의 훌륭한 패스 실력으로 득점을 많이 해봐!')에 초점을 맞춰라. 사람들이 잘못할 수 있는 일에 덜 집중하고 그들이 잘 할 수 있는 일에 더 집중하며, 다른 사람들 역시 그렇게 하도록 도와라. '상황은 보이는 것만큼 좋지도 나쁘지도 않다'라는 속담으로부터 교훈을 취하라.

여러분의 조직을 과도한 조심성로 인한 방해공작으로부터 보호하기 위해 취할 수 있는 또 다른 방법은 '만약에' 시나리오를 짜는 것이다. 이 조치는 많은 비용이 수반될 수 있지만 정기적으로 시행할 경우 방해공작으로 이어질 수 있는 불안을 제거할 수 있다. 이는 최악의 시나리오가 닥쳤을 때 여러분이나 조직이 어떻게 대처할지를 시간을 갖고 생각해 보는 것이다. 이 단계에 지나치게 머물러서는 안 되지만(긍정적인 사항에 집중해야 하는 것을 잊지 말라) 여러분이 "만약의 경우 우리는 이렇게 할 거야……"라고 말할 경우 사람들은 조금 더 준비된 느낌이 들 것이다. 여러분은 이 과정에서 최악의 시나리오를 예방하는 데 도움이 되는 유용한 방법을 파악할 수 있을지도 모른다. 곰이 나타날까봐 걱정하던 사람을 생각해 보자. 여러분은 최악의 시나리오(곰을 마주치는 것)를 논의하는 과정에서 도피 계획을 짤 수 있으며 뉴잉글랜드 숲에서 곰을 마주칠 경우 어떻게 해야 하는지에 대해 조사할 수도 있다. 또한 캠프 장소로부터 멀리 떨어진 나무에 음식을 걸어 놓는 등 처음부터 곰을 마주치지 않는 방법에 대해 논할 수도 있다.

이 같은 사안에 대해 논의하느라 소중한 시간을 써버렸는가? 그렇다. 하지만 마음의 평화를 얻었다면 시간을 잘 활용한 것이다. 이는 보험에 가입하는 것과도 같다. 사전에 마음의 평화를 얻을 수 있지만 공짜는 아니다.

가장 개인적인 전략

과도한 조심성으로 인한 방해공작은 이 책에서 언급하는 전략 중 가장 개인적인 성격을 띨지도 모른다. 사람들이 각자 지니고 있는 '두려움'이라는 감정을 바탕으로 하기 때문이다. 이는 이 책에 등장하는 방해공작 중 가장 명시적인 전략이기도 하다. OSS가 명시한 방해공작이 대부분 행동 지연으로 이어지기는 하지만 '성급한 결정을 피하라'는 사실상 "천천히 합시다!"라고 말하는 것과 다름없기 때문이다. 이러한 방해공작을 방지하는 방법은 단순하지 않다. 다양한 측면에서 공격해야 하기 때문에 시간이 지나도 변치 않은 전투를 벌이기가 쉽지 않다. 브렌트 왈더가 말했듯이, "주의 깊은 조언을 따르는 편이 더 쉽다는 점을 명심하라. 과도한 조심성은 사람들을 덜 전진하게 만든다."

다행히도 균형 잡힌 관점이 계속해서 우세하는 조직은 결국 이러한 방해공작에 내성이 강한 문화가 조성된다. 여러분이 노력한다면 혁신이 오랜 세월을 견딜 수 있는 장소를 구축할 수도 있을 것이다.

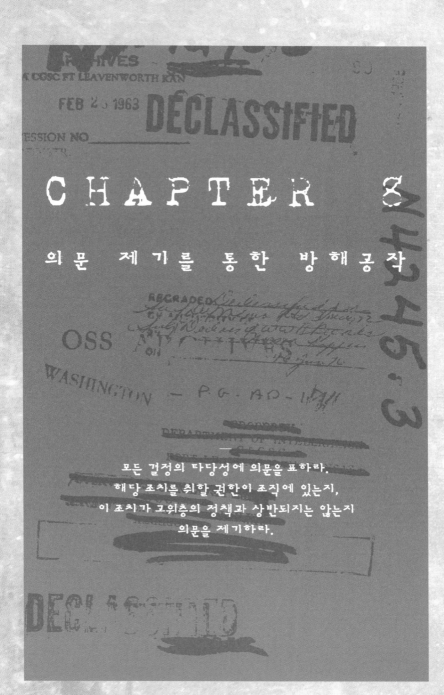

CHAPTER 8

의문 제기를 통한 방해공작

모든 결정의 타당성에 의문을 표하라.
해당 조치를 취할 권한이 조직에 있는지,
이 조치가 고위층의 정책과 상반되지는 않는지
의문을 제기하라.

결정은 한 조직의 생계 수단이다. 조직의 업적과 차질, 기회를 잡는 능력이나 무능력은 누군가가 내린 결정(혹은 내리지 못한 결정)의 직접적인 결과다. 하지만 이러한 중요성에도 불구하고 결정은 종종 지연되고 오래 걸리기도 한다. 결국 조직의 완전한 잠재력이 실현되지 못하게 된다.

의사 결정을 지연시키는 가장 빠른 방법은 '나에게 의사 결정을 내릴 권리가 있을까?' '내 권한 밖의 일이 아닐까?' '내가 곤경에 처하지는 않을까?' 등 의사 결정 담당자의 마음속에 의문의 씨앗을 뿌리는 것이다.

OSS는 이를 알고 있었다. 그들은 전쟁으로 스트레스를 받고 있는 적군의 내부에 약간의 불안감만 조성하면 해당 조직의 효과적인 결정을 내리는 능력에 지대한 영향을 미칠 거라는 사실을 알았다. 『손쉬운 방해공작: 실전 매뉴얼』에서 언급하는 마지막 파괴 전략은 적군이 의사 결정을 내리려는 사람의 권한에 의문을 제기함으로써 모든 결정에 의문을 품도록 부추기는 것이었다. 그들은 적에게 가장 큰 피해를 입힐 수 있는 부분, 즉 의사 결정 과정을 공격하고자 했다.

여러분의 조직 내에 도사리고 있는 '의문을 제기하는' 방해자는 사실 그러할 의도가 전혀 없다. 그들은 효과적인 결정을 내리는 조직의 능력을 약화시킬 생각이 전혀 없다. 하지만 그들 자신도 어쩔 수가 없다. 이들은 "우리에게 이 결정을 내릴 권한이 있는가?"나 "다른 사람(특히 상사)의 심기를 불편하게 할 경우에 대비해 그들과도 상의해야 하는 것 아닌가?" 같은 말로 결정을 미루거나 동료들에게 의구심을 제기할 때마다 조직의 생산성에 큰 위협을 가한다. 우리가 눈치 채지 못하는 위협인 것이다.

동료들에게 해당 결정을 내리는 것이 '정말 우리의 역할인지' 신중하게 생각하라고 주의를 주는 것은 이 책에서 언급하는 다른 방해공작과 마찬가지로 상당히 바람직한 행동이다. 의사 결정에 관여하는 모든 사람의 역할이 잘 규정되어 있는 상태에서 누군가가 (의도적이든 그렇지 않든) 자신의 영역을 벗어날 경우 이 사실을 언급해야 하기 때문이다.

하지만 조직의 결정권에 의문을 제기하는 이유가 자신감 부족이나 제도적인 모호성(결정 사항에 대한 모호성과 해당 결정에 대한 책임자가 누구인지에 관한 모호성) 때문일 경우 이는 도를 지나쳐 방해공작이 되고 만다. 의도치 않은 방해자는 조직의 의사 결정 과정이 지닌 약점을 극복하기보다는 이를 더욱 부채질한다. 그리고 최종 결정을 내리는 메커니즘이 확실치 않기 때문에 최종 결정권이 누구에게 있는지에 관한 논쟁은 계속된다.

이러한 방해공작을 예방하고 중단하는 가장 좋은 방법은 근원을 파악하는 것이다. 이제 이 은밀한 방해공작의 가장 흔한 네 가지 원인과 이에 대응하는 방법을 살펴보자.

자신감 부족

사람들이 조직의 결정권에 의문을 제기하는 이유는 보통 (자신이나 조직에 대한) 확신이 부족하기 때문이다. 자신에게 결정을 내릴 능력이 있는지 확신이 없는 이 방해자들은 의사결정 과정을 중단시키려 하며 조직의 권한에 의문을 제기함으로써 조직의 생산성에 부정적인 영향을 미친다.

이들에게 확신이 부족한 이유는 다양하지만 보통 다음과 같이 세 가지로 분류된다.

○ 방해자들은 지나치게 조심하는 경향이 있다. 이들은 의사결정과 관련된 '최악의 시나리오'를 불필요할 정도로 걱정한다. 또한 해당 결정이 부정적인 결과를 가져올 경우 책임을 지는 것을 싫어하기 때문에 고위층으로부터 허락을 받지 않고는 일을 진행하려 하지 않는다. (과도한 조심성를 통한 방해자의 근본적인 동기가 두려움이라는 사실은 7장을 참고하기 바란다.)

○ 방해자들은 자신이나 팀의 능력을 좀처럼 신뢰하지 못한다. 이러한 사람들은 소심하고 자신의 전문성에 의문을 품을 수 있으며 자신이 해당 결정을 내릴 만한 지식을 지니고 있지 않다고 생각할 수도 있다. 혹은 자신의 경험이나 능력에 확신이 있을지라도 팀원들이 그렇지 못하기 때문에 최종 결정에 영향을 미치게 내버려둘 만큼 그들을 신뢰할 수는 없다고 생각하며, 경험이 더 풍부한 사람에게 최종 결정을 내릴 권한이 있다고 생각할 수도 있다.

○ 방해자들은 과거에 고위층에게 책임을 넘기지 않고 스스로 결정을 하는 바람에 질책을 받은 경험이 있다. 그래서 또 이와 비슷한 상황에 놓이는 것을 꺼려한다. 속담에도 있듯이 '자라보고 놀란 가슴 솥뚜껑 보고 놀라'는 격이다. 이 의도치 않은 방해자들은 방해공작을 저지를 수밖에 없다. 자신이나 조직에 자체 결정권이 있는지 의문을 제기할 수밖에 없는 것이다.

이러한 방해자들이 조직의 의사 결정 권리에 불필요하게 의문을 제기하는 이유가 자신감 부족일 경우, 이러한 행위의 싹을 애초에 제거하는 것이 가장 좋은 방법이다. 여러분이 책임자가 아닐지라도 조금의 리더십을 발휘하는 편이 좋다. 누군가가 "이 조직이 정말로 이 결정을 내리는 것이 맞나요?"라고 물을 경우 그 사람을 바라보며 이렇게 말하라. "맞고말고요. 우리는 이렇게 하라고 요청 받아 그대로 하고 있는 것뿐입니다. 그러니 빨리 착수합시다. 계획한 일을 달성하려고 하는 것뿐이니 제발 다른 길로세지 맙시다."

여러분이 직원들에게 결정을 위임한 책임자나 매니저일 경우, 방해자의 자신감이 부족한 원인을 파악하고 해결함으로써 이들의 방해공작을 사전에 예방할 수 있다.

지나치게 조심하는 사람의 경우, 7장으로 돌아가 이들을 다루는 방법에 관해 살펴보기 바란다. 자신에게 해당 결정을 내릴 능력이나 전문성이 없다고 생각하는 사람과는 일대일로 대화를 나눠 스스로 판단과 결정을 내릴 수 있는 자신감과 능력을 키워주면된다.

다른 팀원의 능력이나 경험을 믿지 않는 사람의 경우, 이러한 우려사항의 진위를 살펴봐야 한다. 만약 그들의 생각이 사실이라면 팀들의 능력을 향상시키기 위해 노력해야 할 수도 있다. 하지만 쓸데없는 걱정일 경우 팀 내에 신뢰를 구축하기 위해 시간을 할애해야 할지도 모른다.

마지막으로, 의도하지는 않았지만 과거에 안 좋은 경험 때문에 방해자가 되는 사람의 경우, 그 사람에게 과거에 무슨 일이 일어났는지를 살펴보고 그 경험이 얼마나 힘들었을지를 파악한 뒤현재 상황이 그때와는 어떻게 다른지를 설명할 필요가 있다.

결정에 대한 모호한 정의

우리는 결정에 대한 확실한 설명과 동의 없이 해당 결정을 내리기 위해 팀원들이 소집되고 자원이 가동되는 경우를 수없이 보아왔다. 여러분과 동료들이 회의실에 앉아 무슨 결정을 내릴지 옥신각신하고 있다면 주의하라. 이 경우, 의문을 제기하는 방해자들이 이 조직에 결정을 내릴 권한이 있는지 의문을 가질 수 있다. 이에 대한 답은 애초에 결정을 어떻게 규정짓느냐에 달려 있기 때문에 이 질문에 답하기란 쉽지 않을 것이다.

경쟁자보다 시장에서 뒤처지고 있는 고급 보트 제작업체를 생각해 보자. 보트 제작비를 낮추는 방법을 결정하기 위해 다양한 부서장들이 회의에 참석해 기나긴 논쟁을 벌였다. 특히 마케팅 팀장 빌과 제품 개발 팀장 로리는 어떠한 부서가 이 업무를 주도해야 하는지에 관해 이견을 좁히지 못했다. 둘 다 자신의 권한에 확신이 없었으며 잘못된 결정을 내릴까봐 서로에게 책임을 떠넘기려고 했다. 빌은 계속해서 "우리가 이 문제를 결정할 수는 없습니다. 당신 부서에서 예산을 먼저 설정한 다음 우리가 무엇을 해야 하는지 말해줘야 합니다. 당신 팀에서 원하는 것은 전부 비용이 상당히 많이 들기 때문이죠."라고 말했다. 로리는 다음과 같이 계속해서 반박했다. "우리 제품의 기본 특징이 뭐가 되어야 하는지 말씀해 주시지 않고는 저희 부서에서 결정을 내릴 수 없어요. 우리 회사 성격상, 이건 마케팅 사안입니다. 마케팅팀에서 적어도 자료 조사는 실시하셔야죠."

사장이 관여하기 전까지 회의는 어떠한 진척도 보이지 못했다. 화난 사람들로 가득 찬 회의실 분위기를 접한 사장은 결정할 사안을 세부적으로 나누어 명확히 규정했어야 했다는 사실을 깨달았다. 그래서 우선 기존팀이 브레인스토밍 시간을 가지도록 했다. 이때에는 결정을 내릴 필요는 없었다. 그저 고객이 가장 선호할 것으로 보이는 보트의 특징, 이 특징의 최근 트렌드와 다양한 비용 절감 방법에 대해 의견을 교환할 것을 요청했다.

그러고 난 뒤에는 CFO, 마케팅 팀장, 제품 개발부 팀장과 상의해 보트 한 대 당 목표 비용을 설정했다. 그 다음에는 제품 개발부 팀장에게 보트 가격을 낮출 수 있는 다양한 특징을 제안할 것을 요청했다. 그리고 마케팅 팀장인 빌에게는 팀원들과 협력해 고객이 원하는 특징과 경쟁사가 현재 제공하는 특징에 초점을 맞춰 이 목록 중 자사가 채택할 특징을 고르도록 요청했다.

이 사례가 주는 교훈은 다음과 같다. 내려야 하는 각 결정을 명확하게 규정하라. 결정을 내리는 데 참여시킬 사람들을 생각해 이 결정을 가늠하라. 팀에서 고려중인 사안과 내려야 하는 결정을 공식적으로 기술한 팀 헌장을 작성하라. 이때에는 매니저, 혹은 팀원을 소집한 사람이 반드시 이 선언문에 서명을 해야 한다. 헌장을 작성한 뒤에는 팀원들에게 이를 자주 상기시켜라. 여러분이 책임자라면 회의가 소집될 때마다 이를 언급하면 된다. 예를 들어, 우리가 아는 한 교육 위원회는 회의에서 어떠한 결정을 내려야 하고 (해당 결정을 내리기 위해 의견을 제공해야 하는) 다양한 위원회가 어떠한 결정을 살펴봐야 하며 각 결정을 내리기 위해 어떠한 절차를 따라야 하는지를 기술한 확실한 목표를 명시한 채, 매 월례 회의를 시작한다.

여러분이 조직의 책임자가 아닐 경우, 결정을 내리기 위해 필요한 사항이 분명하지 않다고 의심이 되면 주저하지 말고 이를 언급해야 한다. 조직 자체나 여러분이 속한 조직에 의사 결정 업무를 맡긴 사람으로부터 이를 명료히 해달라고 요청해야 한다.

알버트 아인슈타인은 세상을 구할 시간이 한 시간 주어진다면 55분은 문제를 규정하는 데 사용하고 해결책을 찾는 데에는 나머지 5분만 사용할 거라고 말했다고 한다. 여러분이 속한 조직이 해당 결정을 정확히 이해하고 잘 규정할 수 있도록 충분한 시간을 가져라.

책임 소재 불분명

의사 결정 업무를 맡은 조직 내에서 각자의 역할(의견을 제공하고 검토할 사람이 누구인지, 최종 결정 책임자는 누구인지)이 불분명할 경우, '의문 제기를 이용한' 방해자가 의사 결정 과정을 아예 중단시킬 수 있는 기회의 문을 활짝 열어주는 셈이다.

다양한 부서의 사람들이 보트 회사를 살리기 위해 노력하는 과정에서 조성되었던 긴장감을 떠올려 보아라. 이 조직에는 사안의 우선순위를 정할 수 있는 지도자가 없었다. 팀원들이 사장에게 도움을 요청하기 전까지, 그리고 사장이 의사 결정 과정을 재설정하기 전까지 로리와 빌은 회의가 진행되는 방향에 계속해서 불만을 표했고 결국 회의는 진전되지 못했다. 사장이 등장하지 않았더라면 그들은 무한정 그러고 있었을지도 모른다.

우리는 3장에서 특정 프로젝트나 의사 결정을 위해 조직된 위원회나 조직에 속한 회원들의 역할을 명확히 하기 위해 RACI 의사 결정 모델을 살펴보았다. 애초에 누가 해당 의사 결정에 관여해야 하는지를 결정하는 데 도움이 되는 또 다른 방법은 '의사 결정 체제'를 수립하는 것이다.[9] 이 체제 하에 다음의 '의사 결정 권리' 중 한 가지를 개인에게 부과하면 된다.

○ 결정을 내리기 전에 의견을 제공할 권리. 이 권리는 의사결정 과정에 중요한 정보(자료, 분석, 권고사항)를 제공해야 하는 사람에게 부여된다. 보트 회사의 경우, 제품 개발팀은 마케팅팀에 보트 특징 목록이라는 중요한 정보를 제공했고, 그 결과 마케팅팀은 비용을 절감하기 위해 무슨 특징을 포함할지를 결정할 수 있었다.

○ 수렴된 의견을 고려해 결정을 내릴 권리. 이 권리는 확실한 책임을 지닌 한 명의 사람에게만 부여된다. 보트 회사의

경우 이 책임은 마케팅 팀장인 빌에게 주어졌다.

○ 해당 결정을 비준하거나 거부할 권리. 보통 이 권리는 결정을 내릴 권리를 다른 이에게 위임한 매니저에게 부여된다 (보트 회사의 경우 사장).

○ 해당 결정을 공지 받을 권리. 이 권리는 최종 결정에 대해 알아야 하는 사람에게 부여된다. 이는 사람들의 업무 능력이나 다른 결정을 내리는 능력에 영향을 미치기 때문이다. 보트 회사의 제품 개발팀은 옵션 패키지를 개발할 수 있도록 기본 특징으로 선택된 사항을 공지 받아야 했다.

'의문 제기를 이용한' 방해공작을 예방하기 위해서는 결정권을 부여받은 사람과 결정을 비준하거나 거부할 권리를 부여받은 사람의 역할을 명확히 기술하는 것이 가장 중요하다.

매니저는 정보를 바탕으로 결정을 내리고 이를 잘 실행할 책임이 있는 사람에게 의사 결정권을 부여하도록 훈련받는다. 즉 결정을 위임하도록 훈련받는 것이다. 결정이 위임될 경우 해당 결정에 대한 책임이 이양되지만 매니저는 상황에 대해 계속해서 보고를 받으며 최종 결정을 내리거나 개입할 권리를 지닌다. 즉 해당 결정을 비준하거나 거부할 권리가 있는 것이다. 그들이 의사 결정에 대한 책임을 거부하는 경우는 드물다. 그들이 결정의 책임을 다른 이에게 넘겨준 채 이 과정에서 사라지는 것이 아니다. 대부분의 결정을 포기하는 것이 아니라 위임하는 것뿐이다.

문제는 매니저가 조직이나 팀원에게 의사 결정에 대한 모든 권한을 넘겨준다고(의사 결정의 책임을 포기한다고) 말하거나 이를 무의식적으로 암시하는 경우다. 사실은 최종 결정을 위해 훌륭한 권고사항을 제안할 책임을 조직에 넘겨주는 것, 즉 의사 결정 책임을 위임하는 것뿐인데 말이다.

다음의 예를 살펴보자. 사치품 전자상거래 기업에서 일하는 루이스 팀장은 직속상사인 엘리사에게 중국 시장 진출을 위한 수행 전략이 필요하다고 말한다. 루이스는 엘리사에게 "팀을 조직해, 수행해야 하는 업무에 관한 최종 결정을 내리도록 하죠."라고 제안한다. 하지만 루이스는 엘사의 팀이 결정과 관련된 권고사항을 제안해야 한다고 말하는 것일까, 아니면 실질적으로 최종 결정을 내리고 이를 실행해야 한다고 말하는 것일까? 이를 정확히 물어보려는 사람은 없었다.

엘사는 결국 팀을 조직한다. 팀원들은 몇 주에 걸쳐 자료를 모으고 심사숙고한 뒤 최종 결론에 이른다. 하지만 의사 결정팀에 소속된 다이앤은 이 조직에 유리하게 설계된 전략 사항이 마음에 들지 않는다. 그래서 루이스에게 이메일을 보내 앞으로 내려질 결정에 불만을 표하며 대안을 제시한다. 루이스는 다이앤의 의견에 동의한다. 그래서 엘리사의 팀에 이 새로운 선택사항을 살펴보고 이를 추진하라고 지시한다.

루이스는 켄 블랜차드^{Ken Blanchard}의 저서 『상황대응 리더십 Leadership and the One Minute Manager』에서 등장하는 '갈매기 매니저'가 되었다. 그는 갑자기 날아들어 수많은 소음을 낸 뒤 모두를 버리고 날아가 버린 것이다. 몇 주 동안 고생한 엘리사의 팀원들은 소외감을 느끼며 매니저가 최종 결정을 혼자서 내릴 거면서 그들에게 의사 결정 권한을 준 이유를 궁금해 한다. 사실 루이스는 의사 결정 권한을 온전히 그들에게 넘겨준 것이 아니라 편리한 경영을 위해 필요한, 훌륭한 권고사항을 제안할 책임을 위임한 것뿐이었다. 최종 결정권은 항상 그에게 있었으며 해당 결정이 마음에 들자 (이 경우 다이앤의 결정) 그러한 결정을 내린 것뿐이었다.

매니저가 자신이 위임하는 의사 결정 권한을 정확하게 전달하지 못할 경우 다이앤 같은 방해자가 등장해 해당 조직에 결정을 내릴 권한이 있는지 (심지어 엘리사 뒤에서 그런 것처럼 암암리에) 의문을 제기하게 된다.

매니저가 여러분에게 '결정을 내리라고' 말할 경우 시간을 갖고 상사의 의도를 명확히 파악하라. 매니저가 요청하는 것은 권고사항일까? 아니면 정말로 결정을 내리고 이를 비준할 권리를 넘겨주는 것일까? 어떤 경우가 되었든, 매니저에게 의사 결정 과정에 어떻게 참여할 것인지를 물어보아라. 그래서 매니저가 어떠한 의견과 지침을 제공하고 싶어 하는 지 확실히 짚고 넘어가라.

의사 결정 과정에 참여하는 모두의 역할을 규정하기 위해 어떠한 체제를 활용하든, 각자에게 자신의 역할을 계속해서 상기시키는 것이 중요하다. 우리 고객 중 한 명은 의사 결정 회의 초반에 모든 사람에게 각자의 역할을 묻는 것을 습관으로 삼고 있다. 각자의 역할이 확실할 경우 방해자가 조직의 권한에 의문을 제기할 확률이 낮아질 것이다. 그리고 설령 그들이 의문을 제기하더라도 확실한 대답을 제공할 수 있을 것이다.

조직의 결정을 지나치게 빨리 기각시키는 매니저

이상적인 환경에서는 매니저가 결정을 위임하고 모두의 역할을 규정한 뒤 핵심 일원으로 남아 있지만 의사 결정 과정에 간섭하지는 않는다. 또한 필요할 경우 조언을 하지만 조직이 결정을 내릴 때까지 기다렸다가 해당 결정을 비준하거나 거부한다.

하지만 항상 그런 것은 아니다. 매니저는 의견이 충돌할 기미만 보여도 의사 결정 과정에 끼어들 때가 있다. 역할에 의문을 제기하는 방해자는 이러한 관리상의 취약점을 파고든다. 이들은 의사 결정 과정에 불만이 있거나 조직이 지향하는 방향에 실망할 경우 다이앤이 그랬듯 보이지 않는 곳에서 조직의 최종 결정권에 의문을 제기한다. 방해자의 우려사항에 지나치게 반응하는 매니저는 의사 결정 과정에 관여하게 되고 조직이 의사 결정을 내리는 과정에 혼란을 야기한다.

누군가가 현 의사 결정자 주위를 맴도는 것만큼 은밀한 방해 공작은 없다. 이는 마치 엄마에게 거부당한 아이가 아빠에게 호소하는 것과도 같다. 매니저가 불만스러운 팀원의 요청을 들어줄 경우, 현 의사 결정 과정과 이를 실행할 책임을 위임받은 사람에게 방해가 된다.

이렇게 되면 조직의 회원들은 소외감을 느끼고 좌절하게 된다. 상사가 반대자 단 한명의 요청 때문에 의사 결정에 개입해 의문을 제기하거나 이를 기각시키려 할 경우, 이들이 왜 굳이 처음부터 세심하게 고려해서 의사 결정을 하겠는가? 그들은 매니저가 다른 결정을 하라고 요청할 경우 지나치게 많은 노력을 기울이려 하지 않을 것이다.

따라서 조직에 의사 결정권을 위임한 뒤 방해자가 불만을 표할 경우 그들에게 수많은 질문을 하되, 성급하게 행동하지 말라. 그들은 여러분에게 직접 불만사항을 제시함으로써 다른 직원들을 소외시키려 할 것이다. 그들의 우려 사항에 귀 기울인 다음 정말로 개입이 필요한지를 결정하라.

개입할지 안 할지를 결정할 때에는 모든 결정의 경중이 동일하지는 않다는 사실을 명심해야 한다. 우리의 경험에 따르면, 조직의 성공은 기업이 내리는 결정의 20퍼센트에 달려 있다. 여러분은 이 중요한 20퍼센트에 에너지를 집중해야 한다. 이 중요한 결정을 두 가지 항목으로 분류할 경우 가장 중요한 결정에 노력을 집중할 수 있다. 어느 정도 우선순위를 매기지 않을 경우 모든 결정을 동일하게 취급하게 되는데, 그렇게 되면 중요한 사안을 제대로 다루지 못한다.

첫 번째 항목은 큰 가치를 수반하는 결정이다. 대부분이 전략과 관련 있으며 일회적인 결정이다. 예를 들어, 한 지역구에서 중학교를 개설하기 위해 부동산을 매매할지를 결정하는 경우와 컨설팅 회사가 새로운 서비스를 개척하기로 결정하는 경우가 이에 해당된다. 이러한 큰 결정들은 제대로 내려질 경우 큰 수익을 낳는다.

두 번째 항목은 더 일상적인 결정이다. 이는 자주 내려지는 결정으로 제대로 수행될 경우 여러분의 성과에 큰 영향을 미칠 수 있다. 컨설팅 회사가 고객 참여를 위해 직원들을 동원하는 방법에 관해 정기적인 결정을 내리는 경우, 잡지사의 편집장이 어떠한 기사를 넣을지를 결정하는 경우가 여기에 해당된다. 이러한 결정들은 조직 전반에 걸쳐 일상적으로 이루어진다. 이 항목에 속하는 일부 결정들은 여러분의 성공에 큰 영향을 미칠 수 있다.

이처럼 직접적인 관심과 참여를 요하는 결정이 무엇인지를 기술할 경우, 여러분이 위임한 결정에 우려를 표하는 이들에게 언제, 어떻게 반응할지를 더 잘 파악할 수 있을 것이다.

전진하고 결정하라

성공적인 조직은 경쟁자에 비해 빠르게 결정을 내리고 이를 실행에 옮긴다. 하지만 해당 결정과 관련된 사항이나 결정을 내릴 책임자가 모호할 경우, 의문을 제기하는 방해자가 개입해 의사 결정 과정에 참여하는 사람들에게 의문을 가질 확률이 높아진다. 그로 인한 결과는 어마어마할 수 있다. 의사 결정에 오랜 시간이 소요되고 기회가 상실되며 의사 결정에 참여한 사람들이 소외감을 느끼며 분개하게 되면서 결국 한 조직은 평범한 조직으로 전락하고 만다. OSS가 『손쉬운 방해공작: 실전 매뉴얼』의 마지막 전략으로 이 방법을 채택한 이유가 바로 이 때문이다.

우리가 전하고자 하는 메시지 다음과 같다. 조직의 규모에 관계없이 모든 지도자(조직의 책임자이든 의사 결정을 담당하는 팀의 일원이든)는 결정을 확실하게 규정하며 의사 결정 과정에서 누가 무슨 역할을 맡는지를 명시하고 자주 언급함으로써 방해자를 저지해야 한다. 이 두 가지 일을 수행할 경우 조직의 권한에 의문을 제기하는 잠재적인 방해자를 막을 수 있을 것이다. 이 조직에 의사 결정을 내릴 권한이 있으며 의사 결정을 내리는 과정이 더뎌지거나 핵심에서 벗어나지 않을 거라는 확신이 있기 때문이다.

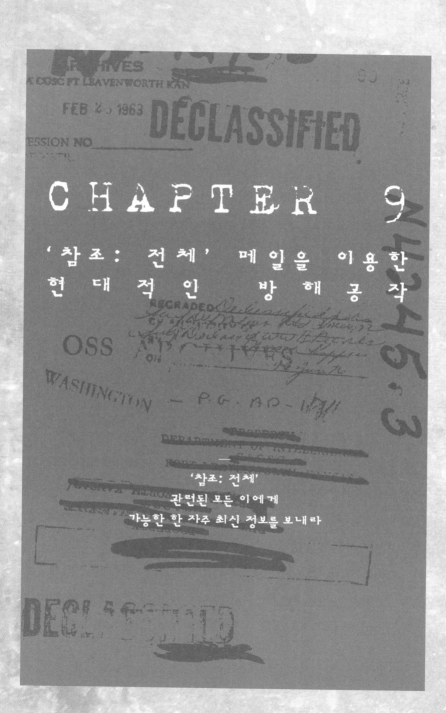

CHAPTER 9

'참조: 전체' 메일을 이용한 현대적인 방해공작

'참조: 전체'
관련된 모든 이에게
가능한 한 자주 최신 정보를 보내라

OSS 법칙들은 세월이 흘러도 변치 않는다. 하지만 새로운 기술과 조직이 등장하면서 언제나 새로운 형태의 방해공작이 개발되기 마련이다. OSS 방해공작 전문가가 오늘날 매뉴얼을 작성했더라면 분명 이메일과 관련된 파괴 전략을 적어도 하나쯤은 추가했을 것이다.

리서치 회사 라디카티 그룹Radicati Group의 보고서에 따르면, 회사 이메일 사용자는 하루 평균 약 121개의 이메일을 주고받는다고 한다.[10] 물론 우리 중 상당수와 경영진들은 그보다 훨씬 많은 이메일을 주고받는다. 우리 모두는 넘쳐나는 이메일의 홍수 속에 살고 있다. 안 그래도 바쁜 하루 중에 꼼꼼히 살펴보기에는 지나치게 많은 양이다. 우리는 많은 이메일을 읽지 조차 않거나 제목이나 첫 몇 문장만 슬쩍 본 뒤에 휴지통에 넣는다. 게다가 여러 이메일이 중첩되어 있을 경우 전체 이메일을 읽거나 그 내용을 꼼꼼히 살피는 사람은 없을 것이다.

그렇다면 이메일은 왜 이렇게 넘쳐나는 것일까? 이 비교적 새로운 발명품은 어쩌다가 우리의 삶에 이렇게까지 침투하게 된 것일까? 맥킨지 앤 컴퍼니Mckinsey and Company의 조사 결과에 따르면, 매니저와 전문가들은 주중 업무 시간에서 이메일을 읽고 답하는 데 평균 28퍼센트를 할애하는 것으로 나타났다.[11]

스팸(광고)을 제외하면 이에 대한 답은 단순하다. 바로 사악한 '참조cc' 옵션 때문이다.

『손쉬운 방해공작: 실전 매뉴얼』이 처음 작성되었을 때, 'cc'는 카본지로 만든 복사본carbon copy을 의미했다. 문서 작성자는 타자기 사이에 두 장의 종이를 넣고 그 사이에 얇은 카본 종이(한쪽에 마른 잉크를 칠한 왁스 종이)를 끼워 넣곤 했다. 이렇게 하면 종이의 복사본이 만들어졌다. 꾹꾹 눌러 입력할 경우 두 장의 복사본도 만들 수 있었다. 그러면 한 장은 보관하고 다른 한 장은 수신인을 제외한 다른 사람에게 전달할 수 있었다. 그래서 수신인에게 해당 문서를 보게 될 다른 사람이 누구인지를 공지하기 위해 종이 아래쪽에 'cc'라고 써 넣는 것이 관례가 되었다.

당시에 복사기는 먼 미래의 얘기였기 때문에 일일이 다시 쓰지 않고 편지와 메모, 보고서의 복사본을 만드는 실용적인 방법은 이뿐이었다.

오늘날에는 물론 동시에 수많은 사람에게 이보다 훨씬 쉽게 복사본을 보낼 수 있다. 이메일을 쓸 때 그저 원하는 만큼 개인이나 조직을 추가하면 된다. 수신인 추가는 상당히 쉽다. 수많은 사람에게 한 번에 손쉽게 정보를 전달하려면 '전체 답신' 버튼을 누르기만 하면 된다. 여러분은 전체 그룹이나 팀 배포 명단에 '공지하고' '업데이트하거나' '계속해서 정보를 제공하기 위해' 이들에게 'cc'나 'bcc'(수신인에게 알리지 않고 제3자에 송달되는 전자 우편 메시지-옮긴이)로 자주 메일을 보낸다. 하지만 모든 사람을 참조로 해서 메일을 보낸다고 해서 모두에게 공지한다는 의미는 아니다. 또한 배포 명단에 더 많은 사람이 포함될수록 개개인이 그 내용을 읽거나 처리한 뒤 이해하고 넘어갈 확률은 낮아진다.

사실 수많은 사람에게 참조로 메일을 보내거나 '전체 답신' 버튼을 누르는 것은 변명할 구실을 만드는 것에 불과하다. '보내기' 버튼을 누르면 아무도 그 사람한테 와서 '나한테 말 안했는데' 라든지 '나한테 물어봤어야지' '나한테 왜 공지 안했어?'라고 말하지 않는다. 참조로 보냈기 때문에 그 사람은 해당 내용을 알아야(혹은 알았어야) 한다. 직접 말로 하지 않았을 뿐 그 사람에게 내용을 전달했기 때문이다.

이렇게 해서 의사소통에 대한 책임이나 부담이 옮겨간다. 이제 보내는 사람은 책임에서 벗어나고 이메일을 받은 사람들이 복잡한 이메일 함이나 긴 이메일의 끄트머리에 놓인 채 공유되지 않은 결정, 행동, 정보 등에 대해 집단적으로 책임을 지게 된다.

이것이 방해자들이 꿈꾸는 바다. 1944년에는 불가능했지만 가능했더라면 분명 OSS 방해공작 전략에 포함되었을 것이다. 사실 '참조: 전체' 전략은 현대 직장 생활의 핵심이다. 방해자들은 의도하지 않았겠지만 핵심 사안을 'cc'나 'bcc'로 보내 사람들의 이메일 함을 꽉 차게 만들고 의사 결정 과정을 더디게 만든다. 게다가 그들은 동료나 상사에게 '공지했다'며 동의하지 않는 사람은 자신에게 다시 말할 거라는 가정 하에 확신을 갖고 일을 진행한다. 위험한 행동이 아닐 수 없다.

하지만 오늘날 사람들이 받는 이메일의 양을 고려할 때 이는 얼토당토않은 가정이 아니다.

'참조: 전체'를 이용한 방해자가 여러분의 조직 내에 존재하는지 파악하기란 비교적 쉽다. 여러분의 이메일 함을 살펴보아라. 개인적으로 전달된 메시지는 얼마나 되며 그저 배포 명단에 여러분의 이메일이 포함되어 있기 때문에 받은 메시지는 얼마나 되는가? 이 이메일들은 중요한가, 아니면 여러분은 이를 재빨리 삭제하거나 폴더 안에 넣어버리는가? 배포 명단이 지나치게 광범위하지는 않는가? 명단에 포함된 모든 사람이 각 이메일의 주제에 관해 계속해서 정보를 제공받을 필요가 있을까?

가장 중요한 것은 사람들이 참조로 이메일을 보냈다고 해서 여러분에게 공지한 거라고 생각하지는 않는지 스스로에게 물어보는 것이다. 동료와 부하직원들이 "하지만 지난주에 말씀 드렸잖아요."라고 말하는 것을 본 적 있는가? 여기서 '말하는' 것이 의미하는 바는 (다른 사람들과 더불어) 참조로 이메일을 보냈다는 것을 의미한다.

이에 대한 답이 '그렇다'일 경우 다음과 같은 조치를 취하기 바란다.

'참조: 전체'를 이용한 방해공작 시정하기

첫째, 이러한 방해공작을 중단시키는 방법을 배워야 한다. 이러한 식으로 공격받고 있다는 사실을 깨달은 후에는 수신인 명단에 한 사람의 주소만을 쓰고 나머지는 전부 참조로 보내는 등 전체 조직이나 그룹에 반격하고자 하는 본능적인 욕구가 치솟을 것이다(이러한 사례는 수없이 많으며 반드시 안 좋은 결과를 낳는다). 하지만 이는 무례한 처사로 상황을 악화시키기만 할 뿐이라는 것을 여러분도 알 것이다.

대신 침착하고 효과적으로 대응하라. 다음의 세 가지 단계를 따를 것을 권고한다.

가능한 한 많은 명단에서 여러분의 이름을 삭제하라.

여러분의 이메일 함이 여러 명의 사람에게 보내진 수 백 개나 수 천 개의 읽지 않은 메일로 가득 차 있을 경우 이 이메일들이 얼마나 중요하고 유용한지 차분하게 평가해 보아라. 각 이메일은 여러분이 업무를 수행하는 데 꼭 필요한 정보를 포함하고 있는가? 아니면 여러분이 이따금 필요하거나 다른 메커니즘을 통해 언제든 찾아볼 수 있는 자료일 뿐인가? 그도 아니면 아예 필요하지 않은 정보를 담고 있는가?

예를 들어, 여러분은 주중 일정과 관련된 사항이나 향후 행사나 마감일과 관련된 사항을 알 필요가 있다. 하지만 여러분이 받는 다른 수많은 매일 중 일부는 그저 알아두면 좋은 정도의 내용을 담고 있을 지도 모른다. 북클럽의 주간 업데이트, 받아보면 좋을 것 같다고 생각했지만 한 번도 읽은 적 없는 뉴스레터가 그 중 하나다. 게다가 전혀 필요하지 않은 스팸 메일도 있다.

여러분의 이메일 체계는 이러한 불필요한 메일을 이미 거를 지도 모르지만 여러분은 이 체제를 좀 더 가다듬을 수 있다. 정기적으로 전달되는 이메일이 여러분에게 중요하지 않을 경우 이를 여과하거나 발신인에게 자신의 이메일을 배포 명단에서 삭제해 달라고 요청하라. 반면, 중요한 내용이 포함된 메일이지만 여러분에게 정보를 제대로 제공하지 못할 경우에는 다음과 같은 조치를 취할 필요가 있다.

무언가 필요할 경우 개인적으로 공지해 달라고 요청하라

사람들(상사 제외)에게 'cc'를 이용해 단체 메일을 보내는 것은 개인적으로 공지하는 것과는 다르다고 말하라. 누군가가 여러분에게 무언가를 '알리고' 싶을 경우 회의나 전화, 문자 메시지, 개인적인 이메일 등 직접적인 의사소통 수단을 통해 연락해야 한다. 그 사람에게 여러분을 배포 명단에 포함시켜 'cc'로 보내는 것은 적절한 방법이 아니라고 말해줘라. 여러분의 관심을 사지 않는 한, 개인적인 이메일을 보내는 것만으로도 충분치 않을 수 있다.

여러분으로부터 예를 들어 48시간 후에 답장이 없을 경우 이를 다시 한 번 알려달라고 말해줘라(물론 마감일이 있다면 더 빨리 말해줘야 한다). 여러분이 그저 '받았음'이라는 짤막한 답만 남기더라도 해당 메일을 읽었거나 읽을 거라는 사실을 전달할 수 있다는 점을 잊지 말라.

제목에 우선순위나 행동단계를 포함시켜라

답장을 요하는 이메일을 보낼 때에는 제목의 첫 단어(답장 요함)만 봐도 이 사실을 알 수 있도록 제목을 작성하라. 분초를 다투는 사안이라면 날짜를 명시한 채로 긴급 사안이나 답장 요함이라고 보낼 수 있다. 여러분과 이메일을 주고받는 사람에게도 동일하게 해달라고 요청하라. 여러분의 즉각적인 주의가 필요한 메일을 보낼 때에는 반드시 이 사실을 말해줘야 한다.

제목 얘기가 나왔으니 한 가지만 더 짚고 넘어가겠다. 대화의 주제를 바꿀 때에는 제목도 바꾸도록 요청하는 것이 좋으며, 여러분 역시 그렇게 해야 한다. 메일을 15개 정도 주고받다보면 '답장: 휴일 파티'라는 동일한 제목을 계속해서 사용하기 쉽다. 하지만 15번째 메일은 사실 '중요한 예산 관련 질문: 답장 요함'이라는 제목을 지닌 대화의 시작일 수 있다. 비의도적인 방해자는 이메일 대화를 개인적인 대화로 취급해 한 주제에 대해 얘기한 뒤 '이제 주제를 바꾸겠어'라는 말없이 다른 주제로 넘어간다. 하지만 이메일 대화에서는 직접적인 신호가 필요하다. 주제를 바꿀 경우 새로운 제목을 지닌 새로운 이메일로 시작하거나 이메일의 제목만이라도 바꾸도록 하라.

'참조: 전체'를 이용한 방해공작 근절하기

다행히도 다음과 같은 단계를 따를 경우 이러한 방해공작을 정복할 수 있다.

정기적으로 공식 업데이트를 시행하라

밥은 과거에 한 번에 20개에서 30개의 프로젝트에 간접적으로 참여한 적이 있다. 그가 모든 메일을 참조로 받았거나 프로젝트 매니저, 팀원, 고객들로부터 중첩되는 메일을 받았더라면 그는 넘쳐나는 정보의 홍수 속에 익사했을 것이다. 다행히 그의 회사는 주간 '플래시 리포트'라는 제도를 시행했다. 이 제도 하에, 프로젝트 매니저는 지난주에 시행되었거나 이번 주에 시행되는 모든 주요 이벤트 관련 담당자에게 주요 사안과 회의, 전화 등에 관한 정보를 한 페이지로 제공하도록 되어 있었다. 덕분에 밥은 수 천 건의 이메일을 파헤치는 대신 빠르고 효율적으로 모든 프로젝트를 점검한 뒤 필요한 부분만 자세히 살펴볼 수 있었다.

공식 업데이트 중에는 메일 그룹을 정해놓고 이메일을 보내는 형태도 있다. 하지만 우리는 이를 권장하지 않는다. 메일 그룹이 위에서 말한 리포트와 다른 점은 다음과 같다. 구독자들이 직접 요청하고 기대하는 바가 있다는 점, 주제와 관련 없는 수많은 이야기들이 펼쳐지는 공간이 될 수 있다는 점, 그리고 이 메일의 수신자들은 '참조'된 사람들이 아니라 '기본 구독자'라는 점이다.

공식 업데이트는 주간 리포트나 영상 컨퍼런스 형식을 취할 수도 있다. 어떤 형태든 여러분의 조직이나 상황에 잘 맞는 것을 선택하면 된다.

사람들에게 필요한 정보를 제공해라

이메일이 넘쳐나는 이유 중 하나는 특정한 사람에게 적합한 정보를 제공하지 못해서다. '모든' 사람에게 '모든' 정보를 보내는 일은 쉽다. 하지만 그저 공지만 받으면 되는 사람을 위한 정보 구성 방식과 결정 및 실행을 하거나 결과를 책임지는 사람을 위한 정보 구성 방식은 달라야 하고 이것은 꽤 어려운 일이다. 하지만 결정 권한을 쥔 사람에게 보내는 이메일에 공지만 받으면 되는 사람을 포함시키거나 결정 권한을 쥔 사람에게만 필요한 세부 정보를 보내는 이메일에 모든 사람을 포함시키는 것은 잘못된 일이다. 모든 사람들이 스스로 유용한 정보와 그렇지 않은 정보를 가려내고 어떤 것을 읽어야 할지 판단할 것이라고 짐작하지 않아야 한다.

또한 정보를 제공받아야 하는 사람에게 정리되지 않은 수많은 자료 중에서 선택하도록 요청하는 대신, 그들이 편리한 방법으로 정보를 파악할 수 있도록 해야 한다. 2장에서 살펴봤듯이, 자료 자체는 사용 가능한 정보가 아니다. 정보 속에 파묻힌다고 해서 정보를 제공받았다고 할 수는 없다. 이메일을 보내는 사람은 받는 사람이 제대로 된 정보를 받도록 '번거로운 선별 작업'을 해야 할 의무가 있다.

이메일이 개인적인 대화의
대안이 될 수 없다는 문화를 조성하라

가족끼리 식당에서 식사를 하지만 모두가 개인 휴대폰의 화면을 바라보고 있는 광경을 목격한 적이 있을 것이다. 스마트폰과 태블릿은 다른 사람과의 직접적인 대화를 대체하는 주요 대화 수단이 된 것 같다.

이는 편리할지도 모른다(그리고 안타깝게도 이 세상이 그 방향으로 발전하는 듯싶다). 하지만 과연 이러한 기기를 통해 서로 교환하는 정보가 아주 중요하거나 분초를 다투는 사안인지가 궁금하다. 전달되는 정보의 질이 중요하거나 사람이나 조직과 정보를 계속해서 주고받는 경우라면 화면을 치워버리는 편이 좋다. 개인적으로 대화를 계속하자고 요청해 보아라. 문자나 이메일보다는 시간이 더 소요되기는 하지만 짧은 회의나 전화를 이용할 경우 모든 당사자 간에 확실한 의사소통을 할 수 있다. '걸으면 해결된다Solvitur Ambulando'는 라틴어구처럼 복도를 걷기만 하면 된다.

우리는 단체나 조직 내에서 발생하는 '참조: 전체'를 통한 방해공작을 저지할 수 있다고 확신한다. 사실은 이 책에서 다루는 모든 종류의 비의도적인 방해공작을 물리치거나 예방할 수 있다는 확신이 있다. 하지만 함께 일하는 사람이 있고 새로운 조직과 기술이 등장할 때에는 언제나 뜻하지 않은 무의식적인 방해공작이 발생하기 마련이다. 따라서 항상 경계하기 바란다!

1. 이 이야기는 제임스 T. 지겐퍼스가 쓴 『Customer Friendly: The Organizational Architecture of Service』(유니버시티 프레스 오브 아메리카, 2007년) 135쪽에 등장한다.

2. http://www.urbandictionary.com/define/php?term=Long+Talker 참고

3. 앨런 더치맨, 〈Inside the Mind of Jeff Bezos〉(2004년) http://www.fastcompany.com/50541/inside-mind-jeff-bezos 참고

4. 조안 S. 루블린, 〈Smaller Boards Get Bigger Returns〉(월스트리트 저널, 2014년 8월 26일) http://www.wsj.com/articles/smaller-boards-get-bigger-regurens-1409078628 참고

5. 로버트 M. 갈포드와 애니 세이볼드 드라포, 『신뢰받는 리더: 최고의 직원과 회사로 이끄는 리더십』(물푸레, 2007년) 참고

6. 노엘 티치와 데이비드 올리치, 〈The Leadership Challenge-A Call for the Transformational Leader〉(슬로건 매니지먼트 리뷰 26, no.1, 1984년) 63쪽 참고

7. 티나 페이, 『Bossypanst』(레이건 아서, 2011년)

8. 에이미 노드럼, 〈Hacking Fear〉(사이콜로지 투데이, 2014년 9월 2일) http://www.psychologytoday.com/articles/201410/hacking-fear 참고

9. 의사 결정권 제도: 롭 갈포드

10. 라디카티 그룹, 〈이메일 전략 리포트(2014-2018)〉(편집자: 사라 라디카티 박사) http://www.radicati.com/wp/wp-content/uploads/2014/01/Email-Statistics-Report-2014-2018-Executive-Summary.pdf 참고

11. 마이클 츄이, 제임스 마니카, 자크 뷔갱, 리처드 돕스, 찰스 록스버그, 휴고 사라진, 제프리 샌즈, 마그달레나 웨스터그렌, 〈The social economy: Unlocking value and productivity through social technologies〉(맥킨지 글로벌 인스티튜드 보고서, 맥킨지 앤 컴퍼니, 2012년 8월) http://www.mckinsey.com/insights/high_tech_telecoms_internet/the_social_economy 참고

로버트 M. 갈포드는 Center for Leading Organizations의 매니징 파트너로서 임원 교육 프로그램을 담당하는 동시에 전 세계 주요 공기업, 사기업, 정부 기관의 고위 경영진과 일하고 있다. 하버드 디자인 대학원의 임원 교육 리더십 펠로우이자 법인 이사 협회National Association of Corporate Director의 교직원이기도 하다. 현재 포레스터 리서치의 이사회 회원으로 활동하고 있으며 〈하버드 비즈니스 리뷰Harvard Business Review〉 등 수많은 간행물에 실린 기사를 쓰고 있으며 『Trusted Advisor, The Trusted Leader, Your Leadership Legacy』를 공동 집필했다.

밥 프리쉬는 Strategic Offsites Group의 매니징 파트너로서 전 세계에서 가장 유명한 전략 조언자 중 한명으로 포춘 10대 기업에 선정된 다국적 기업에서부터 독일 중견기업의 가업에 이르기까지 다양한 기업과 15개 국가에서 외부 전략회의를 설계 및 운영하고 있다. 밥은 "효과적인 외부 전략 회의 Off-Sites That Work" 등 주요 기사 4개를 하버드 비즈니스 리뷰에 기고했으며, 그의 또 다른 기사 "팀원이 결정을 하지 못할 때When Teams Can't Decide"는 하버드 비즈니스 리뷰지 선정, 팀에 관해 '꼭 읽어야 할' 기사 10개에 포함되기도 했다. 밥의 베스트셀러 『Who's in the Room? How Great Leaders Structure and Manage the Teams Around Them』은 12개 국가에서 판매되고 있다.

캐리 그린은 Strategic Offsites Group의 파트너로서 이사회 임원과 고위 경영진에 대규모 변형, 전략적 사안, 리더십 회의에 관해 컨설팅을 제공하고 있다. 그는 젊은 시절 전략·기술 컨설팅 기업을 공통 창립했는데, 이 기업은 가장 빠르게 성장하는 사기업 중 하나로 Inc. 500 명단에 두 번이나 오르기도 했다. 또한 주요 경영대학원에서 초청 연사로 활동하고 있으며 밥 프리시와 공동으로 집필한 그의 최근 기사 "효과적인 리더십 회의(Leadership Summits That Work)"는 하버드 비즈니스 리뷰지에 실렸다.

회사를 망하게 하는 법

은밀하고 치명적인 CIA 방해공작 매뉴얼

1판 1쇄 발행 2016년 9월 30일

지은이   로버트 M. 갈포드, 밥 프리쉬, 캐리 그린
옮긴이   이지민
펴낸이   전길원
책임편집 김민희
디자인   최진규

펴낸곳   리얼부커스
출판신고 2015년 7월 20일 제2015-000128호
주소   04593 서울시 중구 동호로 10길 30, 106동 505호(신당동 약수하이츠)
전화   070-4794-0843
팩스   02-2179-9435
이메일   realbookers21@gmail.com
블로그   http://realbookers.tistory.com
페이스북 www.facebook.com/realbookers

ISBN 979-11-955880-4-6 03320

이 도서의 국립중앙도서관 출판예정도서목록(CIP)은 서지정보유통지원시스템 홈페이지
(http://seoji.nl.go.kr)와 국가자료공동목록시스템(http://www.nl.go.kr/kolisnet)에서
이용하실 수 있습니다. (CIP제어번호 : CIP2016020277)